Sandra Müller

Metatron – Der Erzengel neben Gottes Thron

AF239608

METATRON

Der Erzengel neben Gottes Thron

Sandra Müller

// SILBERSCHNUR VERLAG

© Copyright Verlag »Die Silberschnur« GmbH

ISBN: 978-3-89845-410-0

1. Auflage 2013
2. Auflage 2015

Gestaltung: XPresentation, Güllesheim;
          unter Verwendung des Motivs #41522828, www.fotolia.com
Druck: Finidr, s.r.o. Cesky Tesin

Verlag »Die Silberschnur« GmbH · Steinstr. 1 · 56593 Güllesheim
www.silberschnur.de · E-Mail: info@silberschnur.de

INHALT

VORWORT

Vor ungefähr vier Jahren las ich ein Buch über einen Engel, der mein Leben veränderte. Es war nicht das einzige Buch, das ich über diese weisen Wesen las und welches mich brennend interessierte. Doch diese Energie war anders – ich konnte das Buch nicht mehr weglegen, es rief etwas in mir wach, das ich mit Worten nicht beschreiben konnte.

Als ich eines Tages wieder in diesem Buch las, fühlte ich mich plötzlich völlig übermüdet. Ich legte mich für einige Minuten auf die Couch, und mit einem Mal hörte ich eine Stimme in meinem Kopf. Einfühlsam und liebevoll erklärte Metatron mir, dass ich keine Angst zu haben brauche. Dass er es sei, dessen Worte ich in mir hörte, und dass er mir helfen würde, mein Leben in Liebe und Freude zu regeln. Er fragte mich, ob ich damit einverstanden sei und ob ich mich ihm gegenüber öffnen würde.

Es war nicht das erste Mal, dass ich Stimmen hörte von Wesen, die unerklärlicherweise irgendwo um mich herum zu existieren schienen. Anfangs machten mir diese Stimmen Angst, und ich verschloss mich ihnen gegenüber. Bei Metatron jedoch war es anders – deshalb öffnete ich mich vollends. Ich lebte mit ihm und mit seinen Worten, die mir immer wieder weiterhalfen in Situationen, die mir manchmal ausweglos erschienen. Diese Gespräche beflügelten mich, danach fühlte ich mich jedes Mal glücklich und leicht. Ja, ich hatte Kontakt zu einem Engel – zu Metatron – und das machte mich sehr froh.

Irgendwann war es dann so weit: Er erklärte mir, dass wir – mein Einverständnis vorausgesetzt – ein Buch zusammen schreiben würden. Es sei ein Buch, das anderen Menschen, die seine Botschaften aufnähmen, helfen könne. Ein Buch, gechannelt und geschrieben von Maisha – das ist der Name, den ich daraufhin von Metatron erhielt. Die indianische Bedeutung von Maisha ist "Leben".

Denn das tun wir, ihr Lieben – wir leben. Wir sind hier, um die Informationen aus der geistigen Welt in unsere irdische Welt hineinfließen und wirken zu lassen. Dieses Buch handelt von der Aufarbeitung karmischer Muster in Licht und Liebe – mit Metatrons Hilfe. Ich bin ihm so unendlich dankbar, dass er mich in vielerlei Situationen unterstützt – nein: trägt. Dass er für mich da ist, sobald ich den Kontakt zu ihm suche. Doch noch viel mehr soll dieses Buch darauf aufmerksam machen, dass Metatron für uns alle da ist – auch für Sie, liebe Leser, die den Zugang zu diesem Buch gefunden haben, denn nichts auf dieser Welt geschieht zufällig. Sie lesen seine Worte, und gleichzeitig ist er bei Ihnen. Er wird auch Ihnen immer dann helfen, sobald Sie um seine Hilfe bitten und diese auch zulassen. Erleben Sie den Kontakt zu Metatron selbst. Vielleicht ist es auch Ihr Weg zu lernen, nicht nur seine Worte anzunehmen und zu verstehen, sondern diese auch zu hören. Vielleicht sucht er bereits seit längerem den Kontakt zu Ihnen – dieses Buch könnte ein Hinweis darauf sein.

Ich wünsche Ihnen viel Spaß beim Lesen!
Maisha

1. KAPITEL

METATRON

Ich grüße euch und freue mich, dass ihr zu diesem Buch und zu meinen Worten gefunden habt. Diese können dem Suchenden aufzeigen, wie er das Wissen in sich integrieren und heil werden kann – heil an Körper und Seele. Die folgenden Seiten zeigen Möglichkeiten auf, wie der Mensch durch Handeln und durch das Aussenden bewusster Gedanken sein Leben verändern kann, wie er Verständnis und Liebe für sich selbst und andere findet und weiterzugeben vermag. Es geht um das Sichlösen aus karmischen Mustern durch das Erkennen der ureigenen Kräfte und Möglichkeiten in Liebe. Ich bat die Autorin Maisha, meine Worte aufzuschreiben und sie an die Öffentlichkeit weiterzugeben. Sie ging den Weg jedes einzelnen Kapitels mit und lernte dabei selbst, die Inhalte dieser gechannelten Seiten umzusetzen.

Mein Name ist Metatron, ich bin der Engel, der Gott am nächsten sitzt. Was meine ich damit? Es bedeutet, dass meine Energie Gottes Energie am nächsten kommt. Es bedeutet nicht, dass irgendein Wesen geringer anzusehen ist, da seine Energie geringer ist, nein, das meine ich mit dieser Aussage nicht. Ich komme von nirgendwoher – und doch von überallher. Meine Energie ist über Kontinente, über Länder, über Planeten und Universen verteilt – sie ist immer dort, wo sie als wahr erkannt wird. Ich stamme nicht von irgendjemandem ab, ich war schon immer, ebenso wie ihr schon immer gewesen seid. Wenn ihr euch so manches Mal ratlos fragt, was um euch herum geschieht, so soll euch dieses Buch helfen zu erkennen, dass wir Engel immer hier sind, um euch zu unterstützen. So manches Mal fällt es euch schwer zu erkennen, wohin der Weg euch führen wird. Ich sage, lebt im Hier und Jetzt, doch lebt nicht in der Zukunft, nicht in der Vergangenheit. Denn die Gegenwart ist alles, was zählt, alles geschieht zur rechten Zeit und am rechten Ort, alles geschieht JETZT.

Wie kann ich erklären, dass mein Wesen schon immer Bestand hatte? Vielleicht tut ihr euch schwer damit, diese Wahrheit zu verstehen. Und doch war ich schon zu Zeiten Jesu hier, und ich war unter anderem an der Entstehung der Erde beteiligt. Meine Energie ist immer um euch, ebenso wie die Zeit immer um euch herum ist. Ihr erkennt die Zeit als eine tickende Uhr, und doch ist sie nicht wirklich. In Wahrheit ist Zeit alles und gleichzeitig nichts, die Uhr existiert nur in der Dualität, nicht jedoch im göttlichen Alleins. Ihr alle seid hier, um zu erkennen, dass Zeit nichts als eine Illusion ist, eine Projektion, die aus eurem eigenen, in der Dualität verweilenden Wesen entstanden ist. Natürlich müsst ihr euch an irgendetwas orientieren, und die Zeit bietet euch dabei einen festen Maßstab, an dem ihr euer Leben ausrichten könnt.

Doch nun bin ich abgeschweift, ich bin immer noch bei meiner Vorstellung. Wie könnte ich mich euch am besten vorstellen? Nun, ich besitze keine Gestalt, in die ich zu kleiden wäre. Gelegentlich zeige ich mich den hellsehenden Menschen als der ägyptische Gott Thoth mit Ibiskopf, und manchmal erscheine ich in menschlicher Gestalt. Es kann sein, dass ihr nur eine helle, golden-weiße, reine Energie erkennt, auch das bin ich. Jedem erscheine ich so, wie er mich am besten wahrnehmen kann. Man nennt meine Energie die Aufstiegsenergie, ich weise den Menschenkindern den Weg zum wahren Selbst, wenn sie bereit sind, ihn anzunehmen. Meine Ausstrahlung ist rein, ich kann kein Leid empfinden, eher liebevolle Entrüstung, jedoch bin ich voller Verständnis. Ich bin nicht anders als ihr, liebe Kinder, eher weiterentwickelt – auch wenn ihr zum jetzigen Zeitpunkt noch nicht erahnen könnt, was alles noch für euch möglich sein wird.

Mit diesem Buch möchte ich einige Wege aufzeigen, negative Gedankengänge und auch Blockaden zu meistern, man könnte es auch die "Alchemie des Geistes" nennen. Viele von euch haben bislang noch nicht wirklich erfasst, wozu sie fähig sind, welche Entwicklungstendenzen sich ihnen aufzeigen können und welche Seele in Wahrheit in ihnen steckt. All das, was ich euch erzählen möchte, ist euch tief im Herzen wohlbekannt. Filtert die euch zusagenden Wege heraus, und werdet zu dem Meister, der eure Essenz ist. Geht durch euer Leben in Glück und Leichtigkeit. Ihr selbst habt es in der Hand.

Wir sprechen von der "Alchemie des Geistes", und ihr fragt euch sicherlich, wozu das Ganze notwendig sein soll. Es geht immer nur darum, die Liebe anzunehmen, um zu erkennen, dass alle Arten von Problemen in Wahrheit ein Spiel der Dualität sind. Ich möchte euch hiermit sagen, dass alles, was ihr im Leben tut, eure eigene Entscheidung ist. Wir Engel fordern niemals, doch wir freuen uns, wenn ihr unserer Energie der Liebe folgen wollt. Wir wissen, dass die Zeiten auf der Erde im Moment nicht einfach sind, deshalb möchte ich dazu Folgendes erklären: Die Energien verändern sich, doch damit ihr dauerhaft zusammen mit der sich transformierenden Erde schwingen könnt, ist es erstmals notwendig, einiges mit neuen, mit anderen Augen zu sehen.

Lasst mich ein Beispiel nennen: Es scheinen immer wieder Zweifel über die Aufrichtigkeit der Worte eurer kirchlichen Oberhäupter (Kardinäle, Päpste, Ordensbrüder und so weiter) aufzukommen. Was geschieht da mit euch, wie geht es euch wirklich, wenn ihr seht, wie beispielsweise von der Kirche als Geistliche eingesetzte Personen Kinder missbrauchen? Euer

Vertrauen ins Kirchensystem gerät ins Wanken, und ihr zweifelt an allem, was bisher gut und richtig erschien. Diese Zweifel nagen oftmals an den Herzen der gläubigen Menschen. Auch die Reaktionen der Erde verwirren euch und machen euch oft Angst: Der Energiekörper des Planeten Erde richtet sich neu aus, er transformiert sich. Dadurch entstehen Klimakatastrophen – der Treibhauseffekt und Stürme, nein, wahre Hurrikane über Landstücken, in denen solcherlei Katastrophen eures Wissens bisher noch nie vorgekommen sind, umgeben euch und schüren eure Ängste. Die Erde bebt, Landmassen stürzen ein und Meeresfluten fordern Menschenleben. Ich verstehe eure Besorgnis, ihr Lieben, und ich verstehe euren Schmerz, wenn geliebte Menschen bei Klimakatastrophen verletzt werden oder sterben. Doch eines müsst ihr wissen: Dies alles geschieht nicht wirklich überraschend für euch. Euch war bereits vor eurer Inkarnation bewusst, was geschehen würde, doch der Schleier des Vergessens hinderte euch bislang daran zu erkennen. In der Dualität zerfloss das Wissen, das ihr in euren Zellen gespeichert hieltet, ihr hattet kaum noch Zugriff auf all das universelle Bewusstsein, das euch vor dem Erdenleben zu eigen war.

Oft habt ihr Angst davor, euch in dieser Welt zu verlieren. Ihr habt Furcht vor Hass und Gewalt, vor dem Tod, vor Wut, Streit und bösartigen Auseinandersetzungen. Doch erkennt, Kinder der Erde, dass euch dies von eurer wahren Größe abbringt und euch Stärke raubt. Niemals zuvor, als ihr noch nicht in der Dualität verweiltet, hattet ihr Angst. Angst entsteht durch den Verlust von Liebe. Ihr sucht nach Liebe und versteht nicht, dass sie tief in euch angelegt ist. Sie war und ist immer bei euch, mit ihrer Hilfe könnt ihr alles heilen. Ihr könnt der Erde helfen, ihre Energien auszurichten, und euch selbst dabei zurück in die reine Liebe transformieren. Die Erde transformiert ebenso wie ihr selbst – bitte habt Verständnis für sie und erkennt Umweltkatastrophen als ihre eigene Reinigungsarbeit an.

Doch was ist mit den Menschen dieser Zeit? Morde, Verletzungen, Vergewaltigungen, aber auch Drogensüchtige, Menschen mit Angsterkrankungen und anderen disharmonischen seelischen Zuständen sind um euch herum. Verurteilt diese Menschen bitte nicht, denn sie zeigen nur die Auswirkungen noch fehlender Liebe in sich auf, doch diese Liebe wird irgendwann auch in ihnen hervortreten. Warum zeigen manche Menschen diese grausamen Verirrungen? Ihre Seele nahm diesen schweren Weg auf sich, um anderen Menschen zu demonstrieren, was geschehen kann, wenn sie nicht in ihrer Liebe leben. Sie schockieren, um sich selbst und andere durch diese Auswirkungen zur Rückkehr zu bewegen – auch wenn dies alles unbewusst für sie abläuft. Es geht um die Rückkehr aus der Dualität ins Alleins, um das Einssein in der göttlichen Liebe ohne Trennung oder Spaltung. Denn ihr alle seid gleich, dies ist keine Floskel, dies ist am eigenen Leib am ehesten spürbar. Sendet Liebe, und ihr werdet Liebe empfangen, so hieß es schon in der Bibel – die leider an einigen Stellen abgeändert wurde. Doch ebenso muss es dann heißen: Sendet Gewalt, und ihr werdet Gewalt ernten. Sendet Macht, und ihr werdet Macht ernten.

Erkennt ihr den Sinn meiner Worte? Ihr erhaltet Macht, und diese Macht ist um euch herum, wenn ihr Unnahbarkeit und Dominanz vorlebt. Und doch fühlt ihr dabei immer stärker die Trennung, auch wenn ihr sie in euch zu verbergen versucht. Körperliche Stärke oder ein autoritäres Auftreten werden euch niemals zu dem Menschen werden lassen, der ihr in eurer Essenz seid. Die Macht der Liebe ist stärker als alles andere.

Lasst mich noch ein weiteres Beispiel nennen – das Beispiel der Abhängigkeit. Abhängigkeit entsteht genau dann, wenn ihr die Macht anderer auf euch selbst zulasst. Ich drücke mich bewusst so aus und behaupte, dass, wenn ihr innerlich reif geworden sein und eure Ängste überwunden habt, andere Menschen niemals mehr Gewalt – körperlicher oder seelischer

Art – gegen euch ausüben werden. Ich weiß, dass ich mich mit dieser Behauptung auf dünnes Eis begebe, und trotzdem bleibe ich dabei.

Und genau aus diesem Grund ist es jetzt an der Zeit, dass ihr karmische Muster in euch erlösen und somit dem Rad des Schicksals entkommen könnt. Ich bitte euch daher, den Mut zu haben, euch aus seelischen Abhängigkeiten zu befreien. Niemand außer euch selbst kann über euren Lebensweg entscheiden, da er nicht wissen kann, was gut und richtig für euch ist. Ihr selbst müsst Entscheidungen treffen und daraus lernen. Nehmt nicht hin, dass andere es sind, die über euer Leben bestimmen. Nehmt nicht an, dass dieser jemand so viel Macht in sich hat, dass er euch leiten kann, und übergebt ihm nicht eure eigene Stärke. Denn diese Stärke sollte in Liebe zu euch selbst sprechen – allerdings verleugnet ihr sie so lange, wie ihr euch den Machtspielen von anderen Personen hingebt.

Nein, ihr Lieben, dies ist keine Ermahnung, sofort zur Liebe zurückzukehren, dies ist eine Aufforderung an euch, Liebe in euer Herz zu lassen und Liebe weiterzugeben. Mir ist klar, dass es so manches Mal sehr schwer sein kann, dieser Aufforderung gerecht zu werden. Niemand erwartet, dass ihr euer Leben von einem Tag auf den anderen völlig umstellt. Genau aus diesem Grund wurde dieses Buch geschrieben – um euch zu zeigen, wie ihr euch selbst helfen könnt. Es gibt viele Wege der Selbstbejahung, und einige dieser Wege werdet ihr in dieser Lektüre kennenlernen. Sie kann euch dabei helfen, euren eigenen Pfad zu finden und ihm zu folgen. Ihr seid bereit, denn nur aus diesem Grund haltet ihr meine geschriebenen Worte in der Hand. So manches Mal wird das Ego vielleicht versuchen einzuschreiten, um euch zur Umkehr zu bewegen, denn es fürchtet um seine Macht. Doch tröstet euch – nicht die Vernichtung des Egos wird erreicht werden, sondern der Zusammenschluss zwischen Geist – nennt ihn euer Höheres Selbst – und eurem Ego, um dem Licht in euch zu dienen und der Welt dauerhaft zu einem friedlicheren Zustand zu verhelfen. Reinheit, Schönheit und Liebe beginnen immer zuerst im Inneren, bevor sie die äußeren Zellen, also euer Leben um euch herum, erreichen können. Die innere Transformation ist der Weg des weisen Adepten.

Zur Zeit Christi – und auch lange vorher noch – waren die Menschen weitgehend unbewusst, sie konnten die grundlegenden Energien des Universums kaum wahrnehmen. Sicherlich, meine Lieben, gab es zu jeder Zeit Propheten, das waren – und sind auch heute noch – auserwählte Menschen, die die Energien für ihre Zeit sammelten und leiteten. Der Energiestrom brach niemals ab, doch nun ist es so weit, dass euer Bewusstsein ganz plötzlich auf eine neue Ebene geleitet werden kann. Es ist die Ebene der Liebe, und es ist die Ebene der Vergebung. Vieles wurde leider durch unklare Übersetzungen verfälscht, egal ob es dabei um die heilige Bibel oder um sonstige Schriften – wie beispielsweise heilige Tafeln – geht. Es gibt viele dieser Tafeln auf der ganzen Welt, und viele davon werden erst in der nächsten Zeit entdeckt werden. Es ist so weit, ihr lieben Kinder, dass die Wahrheiten auf euch zuströmen werden. Denn ihr selbst seid es, die sie angezogen haben – ihr selbst erwartet die Wahrheit, und eure Seele leitet euch an, diese aufzudecken, sie zu finden. Das heilige Gitternetz ist um die ganze Erde ausgedehnt, in ihm befinden sich alle weltlichen und kosmischen Wahrheiten, die ihr zu finden bereit seid, und in der nächsten Zeit werden es immer mehr werden. Erkennt, integriert in Liebe und geht weiter. Sobald ihr etwas erfahrt, mit dem ihr in keinster Weise in Resonanz zu stehen scheint, sobald ihr etwas hört, das euch erschauern lässt, tretet zurück und prüft die Wahrheit dieser Aussage mit eurem Herzen. Hört darauf, hört auf eure eigene Wahrhaftigkeit – und lebt nicht die Angst. Sucht, die Illusion aufzudecken, in der ihr lebt, und erkennt die Liebe in allem, was ihr tut. Das Alleins ist niemals illusionistisch, sondern die Dualität verschleiert es, sie ist in Wirklichkeit das Trugbild. Seht eure Umwelt mit anderen Augen, erkennt in der mürrischen Nachbarin die Seele, die ihre reine Liebe bislang noch nicht leben konnte. Projiziert die negativen Reaktionen und Aktionen nicht auf euch selbst, sondern sucht und seht die karmischen Zusammenhänge, die ihr aufzulösen bereit seid. Auch dies ist ein Weg, der meist nicht von heute auf morgen gegangen werden kann, und auch dies ist mit ein Grund, weshalb dieses Buch entstanden ist. Befreit euch aus der Enge destruktiver Energien, und findet euch dabei selbst.

In Licht und Liebe,
Metatron

2. KAPITEL

ZWISCHENMENSCHLICHE KOMMUNIKATION

Ich möchte heute eine kleine Übung einfügen, eine Meditation, die euch aufzeigen wird, dass nichts um euch herum so real ist wie Gott – Gottes Liebe ist in eurem Herzen. Nichts ist so wirklich, wie ihr glaubt, ihr Lieben, alles um euch herum ist Kulisse, die sich ständig so verändert, wie ihr sie gerade benötigt. Ihr werdet es dann begreifen, wenn eure eigene Energie so weit ansteigen konnte, dass sie der Liebesenergie um euch herum entspricht.

Konzentriert euch und versucht, immer wieder die Augen zu schließen, sofern dies neben dem Lesen meiner Worte möglich ist. Ihr könnt auch versuchen, in die Leere zu blicken oder einen Punkt in eurer Umgebung zu fixieren. Macht nun euren Geist frei und leer von allen Gedanken. Lasst alles los, was euch daran hindert, NICHTS zu denken. Wenn Gedanken kommen, dann seht sie euch kurz an und lasst sie einfach weiterziehen, denn sie haben nichts mehr mit euch zu tun. SEID die Leere in euch ...

Nun seht in euer Herz. Stellt euch vor, dass in eurem Herzen eine Kammer ist, eine Kammer, die nur ihr sehen könnt. Wie sieht sie aus, diese Kammer? Ist sie aufgeräumt, oder ist sie unordentlich? Ist sie vielleicht leer, oder stehen dort Möbel? Wie ist die Farbe des Bodens in der Kammer? Ist es ein Holzboden, ein Marmorboden, vielleicht ein Laminatboden? Oder ist es rauer Beton? Vielleicht hat eure Herzkammer auch gar keinen Boden? Nehmt den Zustand der Kammer, egal wie sie aussieht, zur Kenntnis. Mitten in dieser Kammer findet ihr einen Tisch. Einen kleinen Holztisch mit zwei Stühlen. Auf einem Stuhl an diesem Tisch sitzt eine Person. Dies kann eine bekannte oder auch eine euch völlig unbekannte Person sein, vielleicht auch ein Verwandter oder ein anderer Mensch, mit dem ihr etwas zu klären habt, vielleicht ist es ein Verstorbener. Es könnte auch sein, dass ein Engel an diesem Tisch sitzt, alles ist möglich – und vielleicht bin ich es sogar selbst – oder ihr selbst. Bitte seht euch diese Person sehr genau an, und wenn ihr den Impuls verspürt, setzt euch zu ihr. Tut das, was euer Herz sagt. Wenn ihr nicht das Bedürfnis habt, mit der Energie zu sprechen, dann müsst ihr das auch nicht tun. Doch denkt daran, dass nur Energien in eure Herzkammer kommen können, die eure Erlaubnis eingeholt haben. Denn es ist euer Herz – niemand kann ungefragt Eintritt in euren wichtigsten Raum erlangen.

Tut das, was sich richtig anfühlt. Ihr könnt dem Wesen auch erlauben, euch dort ein anderes Mal wiederzutreffen, wenn es sich im Moment nicht richtig für euch anfühlt. Ansonsten sprecht mit ihm, seht nach, was euch die Energie offenbaren wird. Nach diesem Gespräch wird sie eure Kammer wieder verlassen, und ihr findet eine Tür an der rechten Seite der Wand. Tretet durch diese Tür und seht, was sich draußen, vor eurem Herzen, verbirgt. Was wolltet ihr schon lange mal sehen, aber ihr hattet bislang keine Zeit dazu? Das wird es sein, was ihr erblickt. Nehmt euch die Zeit und geht hinaus – an den Ort eurer Sehnsucht. Haltet euch dort so lange auf, wie es euch gefällt, und dann verlasst diesen Ort und geht zurück in eure Herzkammer.

Wie sieht sie nun aus? Hat sie sich verändert? Ist der Boden anders, steht der Tisch noch da? Was ist mit den Möbeln, und welche Gegenstände könnt ihr nun in der Kammer entdecken? Nehmt es zur Kenntnis, und kommt ganz langsam wieder zurück in euer Tagesbewusstsein.

Ich danke euch für diese Reise.

Warum gerade diese Meditation? Ihr lieben Kinder, es ist leider viel zu häufig der Fall, dass ihr gestresst durch die Lande zieht und einfach vergesst, nach innen zu blicken. Ihr vergesst die Herzlichkeit – manchmal – ein kleines bisschen. Doch damit meine ich nicht die Herzlichkeit anderer Menschen gegenüber – nein, ich spreche damit die Herzlichkeit euch selbst gegenüber an. Seht, was dieses Wort "Herzlichkeit" aussagt! In ihm ist das Licht des Herzens enthalten. Ihr denkt so viele Male an andere Menschen oder an Situationen um euch herum, dass ihr euch selbst dabei völlig vergesst. Wahrscheinlich bemerkt ihr es nicht einmal, und doch ist es so, sodass ihr mir gewiss zustimmen werdet, sobald ihr darüber nachdenkt. Es ist nicht möglich, anderen Menschen wahrhaft liebevoll zu begegnen, wenn ihr euch selbst vergesst.

DIE MACHT DER WORTE:

Wie sprechen wir Engel wohl, was meint ihr? Unterhalten wir uns mit Worten oder mit Gedanken und Gefühlen? Wenden wir mehrere Sprachen an, oder sind wir nur einer Sprache mächtig?

Ihr Lieben, wir unterhalten uns ausschließlich mit der Sprache des Herzens. Es ist das Gefühl in unserem Herzen, das uns mit euch kommunizieren lässt. Wir haben die Möglichkeit, durch eure Gefühle wahrzunehmen, was ihr uns zu sagen versucht, doch wir bedienen uns dabei nicht wirklich eurer Sprache, sondern wir senden euch Zeichen, die ihr in euren Sprachgebrauch übersetzt. Wenn ihr die Zeichen sehen könntet, so würdet ihr prismenförmige Figuren um euch herum wahrnehmen.

"Sprache" ist ein klingendes Wort in unseren Ohren, gibt es doch die atlantische Sprache, die lemurische, die lateinische, die griechische, die englische und so weiter ... Alles Sprachen, derer wir uns bedienen können. Doch habt ihr nicht auch schon bemerkt, dass manche Worte anders klingen als andere, weicher, vieldeutiger? Versteht hierbei bitte, dass es natürlich auch Sprachen gibt, die sich alles andere als weich anhören – wobei ich hierbei keine bestimmte Landessprache angreifen möchte. Doch die Worte, derer ihr euch bedient, strahlen eine Schwingung aus, ihr Lieben. Eine Schwingung, der ihr euch nicht entziehen könnt. Es gibt "Schimpfwörter" in eurem Sprachgebrauch, mit denen ihr eine bestimmte Assoziation verknüpft. Dadurch erhalten die Worte eine negative Gedankenschwingung, und dies gibt ihnen eine gewisse Macht, auch wenn ihr dies vielleicht nicht hören möchtet. Das Wörtchen Liebe – egal in welcher Sprache – ist allerdings ebenfalls ein sehr machtvolles Wort. Love, Liebe, Amore ... Dieses Wort wird von euch allen in einem anderen Zusammenhang benutzt als das Wort Hass.

Ihr lieben Menschenkinder, genauso wie ihr Worte anwendet, verwendet ihr Gefühle. Sie können heilend sein, sie können aber auch zerstörerisch wirken. In erster Linie jedoch zerstört ihr euch damit innerlich selbst. Glaubt mir, ihr seid nicht umsonst bei diesen Zeilen angekommen, also seid ihr auch bereit, diese Worte anzunehmen. Alles, was ihr aussendet, landet letztendlich bei und in euch selbst. Auch wenn ihr annehmt, dass ein negatives Gefühl, welches ihr einer anderen Person entgegenbringt, niemals etwas mit euch zu tun haben kann, werdet ihr bemerken, dass die Ablehnung dieser Person euch selbst nicht guttut. Beobachtet euer Verhalten, und glaubt mir, dass all das, was ihr aussendet, immer euch selbst gilt. Das sind kosmische Gesetze. Ihr habt selbstverständlich die Wahl, sie zu ignorieren, doch sie werden trotzdem weiterhin wirken.

Ich möchte euch nun über das periphere Nervensystem berichten – hierbei geht es um die Reizweiterleitung ans Gehirn. Eure DNS-Stränge sind nicht mehr dieselben, die sie noch vor fünf Jahren waren. Natürlich altern sie mit eurem Körper, doch davon spreche ich nicht. Ich spreche von der Veränderung der molekularen Strukturen; die in euch angelegten Systeme reagieren anders auf Reize, als es noch vor ein paar Jahren der Fall war.

Woher kommt das wohl, und welche Auswirkungen hat es? Ihr Lieben, ich erzählte euch gerade von der energetischen Verständigung zwischen uns mittels geometrischer Prismen ... Eure DNS kann diese Prismen immer besser wahrnehmen, sie veränderte sich jedenfalls in den letzten Jahren dahingehend, dass eine Übertragung zwischen euch und uns noch viel einfacher geworden ist. Ihr könnt uns besser wahrnehmen und euch besser mit uns verständigen, aber alleine darum geht es hierbei natürlich nicht. Der Hauptgrund ist der, dass eure Zellen sich den Energien um euch herum anpassen. Die DNS-Stränge leiten die Energien an euch weiter. Die Zellen integrieren die neuen Energien ins System, und die molekularen Nervenbahnen geben die neuen Informationen ans Gehirn weiter, das wiederum besser auf unsere Energie eingehen kann. Ihr seht also, hier ist ein Kreislauf entstanden. Ihr werdet erkennen, dass ihr immer mehr eingebunden werdet – unbewusst für viele, doch auch sie verändern ihre Struktur.

Denkt an das Downsyndrom – versteht ihr, worauf ich hinauswill? Nein, ihr versteht es wahrscheinlich nicht auf Anhieb, also werde ich es euch erklären. Es geht um die Energien, die ihre Struktur eben nicht verändern können. Sie sind energetisch nicht fähig, Änderungen in ihrem System wahrzunehmen, Menschen mit dieser Krankheit altern und sterben meist schneller – und doch sind es deshalb keine unglücklicheren Menschen. Oh nein, sie leben voller Liebe, denn sie haben die Möglichkeit, die Liebesenergie des Universums komplett zu empfangen, und das seit ihrer Geburt. Sie nehmen nur die Veränderungen um sich herum nicht wahr, weil sie bereits vor der Geburt vereinbart hatten, dass ihr Lebenszweck ein anderer sein wird. Sie haben häufig viel mehr Zugang zu ihrem inneren Kern, als es dem von außen abgelenkten Menschen möglich ist.

Sicherlich fragt ihr euch jetzt, warum sich ein Mensch solch ein Leben freiwillig aussuchen sollte ... Ich sage euch, dies ist natürliches menschliches Denken in der Dualität. Doch dieser Energie geht es um etwas gänzlich anderes, als zu wachsen in diesem Leben dieser Mensch möchte anderen Menschen helfen zu wachsen, und genau das wird sein eigenes Wachstum enorm fördern. Er hat sich vor der Inkarnation entschlossen, dass seine Zellen die Aufnahme verschiedenartiger wachstumsfördernder Energien um sich herum abblocken, und aus diesem Grund stagniert seine Entwicklung für viele Menschen nach außen hin. Doch die Liebe des Universums ist in ihm. Die Familie um ihn herum sorgt sich häufig wegen seiner Andersartigkeit, doch er selbst hat keinerlei Probleme damit, denn ihm bleibt seine innere Welt erhalten.

Versteht an diesem Beispiel bitte, dass ihr immer nur in der Energie lebt, die ihr euch zugesteht. Nein, dies steht nicht im Gegensatz zu dem, was ich gerade erwähnte, denn die molekularen Zellen eines Menschen mit Downsyndrom führen ein eigenständiges "Leben". Sie haben beschlossen, stehen zu bleiben in ihrer Entwicklung – und dies bedingt ein Ablehnen der Energie, die mittlerweile täglich verändert wird. Ihr spürt es nicht, aber sie steigt spürbar an. Eure Zellen gehen mit dieser Energie mit, und all dies geschieht unbewusst in eurem Zellgedächtnis. Ihr könnt dieses Zellgedächtnis willentlich steuern und beeinflussen, indem ihr eure Gedankenschwingungen kontrolliert.

Was verstehen wir Engel unter "energetischen Zufallstreffern"? Es geht um die Kommunikation von verschiedenen Energien. Manche Energien harmonieren wunderbar miteinander, und andere kommen nicht aneinander vorbei, ohne sich gegenseitig "die Augen auszukratzen". Das hat aber nicht direkt etwas damit zu tun, dass ein Mensch "besser" oder "schlechter" wäre. Nein, denn die Energien driften manchmal einfach auseinander, weil sie völlig andere Merkmale aufweisen. Merkmale, mit denen der eine wunderbar auskommen kann, da er sie selbst besitzt, stoßen den anderen Menschen richtiggehend ab. Warum das so ist, möchte ich euch gleich anhand eines Beispiels erklären.

Stellt euch zwei verschiedene Menschen und zwei verschiedene Tätigkeiten vor, die ruhig auch in eine ähnliche Richtung weisen können. Es geht hierbei um ein Aufeinandertreffen von Protonen und Elektronen, der kleinsten Teilchen des Energiekörpers. Die Protonen versuchen, miteinander zu kommunizieren, in Harmonie zu kommen, doch dann kommen die Elektronen ins Spiel. Die elektrischen Teilchen sind teils negativ - Elektronen - und teils positiv - Protonen - geladen, jedoch mit einer völlig anderen Grundinformation, als es bei dem anderen Teilnehmer der Fall ist. Aus diesem Grund müssen sie sich abstoßen, sie harmonieren nicht miteinander - und es kommt unter Umständen auch zur Reibung, was einen Streit verursacht.

Doch wie kann man solch ein zwischenmenschliches Gewitter vermeiden? Es ist in dieser Situation von großer Wichtigkeit, dass die Sonne hervorkommt. Die Sonne ist immer da, sie steht hinter jedem Gewitter - die Sonne IST, auch wenn Wolken sie verdecken. Durch die Strahlkraft der Sonne wird jedes Gewitter irgendwann einmal vorbei sein, und wenn die Sonne stark genug ist, wird es vielleicht gar nicht erst entstehen, sondern die Wolken werden verdampfen oder sich in Frieden abregnen.

Ist euch in diesem Zusammenhang schon einmal aufgefallen - nun kommen wir wieder zum Transformationsthema der Erde -, dass das Wetter in letzter Zeit verrücktspielt, ebenso wie eure Emotionen? Ich weiß, dass ihr euch heute noch nicht vorstellen könnt, was ihr zu erreichen vermögt, wenn ihr eure innere Sonne scheinen lasst. Doch schenkt dem Gewitter in euch Sonne, und beeinflusst somit euer eigenes Wetter in euch. Ihr habt die Macht, erkennt sie und setzt sie um. Verändert eure negativen Emotionen durch bewusstes Erkennen in Liebe, und eure Sonne wird die Wolken vertreiben, sodass es vielleicht bald gar nicht mehr nötig sein wird, in euch Gewitter entstehen zu lassen. Dies war der heutige Wetterbericht - schmunzel.

Nun ist es so weit, dass ich das Thema Kommunikation in der Familie ansprechen möchte. Was meint ihr, weshalb gibt es so viele zwischenmenschliche Probleme in der familiären Gemeinschaft? Habt ihr euch noch nie die Frage gestellt, weshalb es momentan an allen Ecken und Enden knarzt, weshalb ständig Reibereien auftreten und die Familie überdies viele private Fehden austrägt? Dies hängt einerseits mit dem Familienkarma und andererseits mit der aktuellen Situation zusammen, mit den Energien um euch herum. Viele Menschen nehmen diese unbewusst an, womit wir nun schon wieder beim Thema wären, dass die Erde und auch ihr, liebe Wesen, transformiert. Es lässt sich nun einmal nicht aus der Welt schaffen, dass dies eine wichtige Zeit für euch alle ist.

Glaubt mir, wie unendlich wichtig es gerade jetzt für euch ist, unselige Differenzen untereinander auszuräumen. Kinder sprechen oft nicht mit ihren Eltern, da sie annehmen, dass diese Probleme damit haben, ihre Verhaltensweisen zu verstehen. Oftmals haben sie sogar recht damit, dass die Eltern sich leider nur sehr wenig Zeit für sie nehmen, denn diese sind mit ihren eigenen Themen selbst dermaßen überlastet, dass es ihnen widerstrebt, sich zusätzlich mit den Programmen ihrer Kinder zu verbinden und sie gemeinsam mit ihnen anzusehen.

Und nun ein Wort, das in diesem Zusammenhang das wichtigste Wort zu sein scheint: **annehmen**. Nehmt euch, eure Familie, eure Kinder und die Menschen um euch herum an. Nehmt sie an, wie sie sind, und versucht gar nicht erst, sie verändern zu wollen. Das ist das Schwerste überhaupt in eurer Welt, denn ihr habt es über viele Leben hinweg nicht anders gelebt. Ihr habt immer versucht, Menschen und Situationen über deren Köpfe hinweg zu verändern. Ihr versuchtet konsequent, eure Kinder nach eurem Willen zu erziehen, eure Partner nach eurem Willen zu formen. Aber Kinder brauchen eine liebende Hand, die es vermag, sie zu stützen, ohne ihnen die Richtung vorzugeben. Dies ist kein Vorwurf, die Energie der Zeit war damals noch nicht gegeben. Nun habt ihr jedoch die Möglichkeit, euch anders zu verhalten, denn die Kinder selbst wählen ihre eigene Richtung. Ja, sie benötigen Führung, aber sie benötigen noch viel mehr Verständnis und Achtung vor ihrem Weg – Achtung vor dem, was sie vollbringen werden in der neuen Zeit. Doch das wird ein späteres Kapitel in diesem Buch werden.

In Licht und Liebe,
Metatron

3. KAPITEL

SELBSTAKZEPTANZ

Ich grüße euch und möchte dieses Kapitel mit dem Thema "Nächstenliebe" beginnen. Was versteht ihr unter Nächstenliebe? Ihr kennt sicherlich den biblischen Text, in dem Jesus sagt: "Liebe deinen Nächsten wie dich selbst." Lebt ihr danach? Oder fällt es euch schwer? Und wenn, warum fällt es euch so schwer? Spürt ihr einen Druck in eurer Herzgegend?

Es geht um eure Denkweise. Denn wie könnt ihr euren Nächsten wie euch selbst lieben, wenn ihr euch selbst gar nicht so liebt, wie Jesus es vorausgesetzt hat? Geht es nicht viel eher darum, einmal über den Sinn des Satzes nachzudenken? Ihr hört meist zuerst "Liebe deinen Nächsten" und überhört dabei den Teil "wie dich selbst". Versteht ihr, was ich damit zu sagen versuche?

Es geht zuallererst um die reine Selbstliebe. Und erst wenn ihr diese gefunden habt, wird es euch möglich sein, euren Nächsten bedingungslos und mit offenem Herzen zu lieben. Denn wie liebt ihr euch selbst? Ihr knüpft meist viele Bedingungen an euch selbst. Ihr erwartet von euch Leistung, wollt möglichst gut aussehen, um überall beliebt zu sein, ihr setzt eure Intelligenz ein und versucht dadurch, genauestens über alles informiert zu sein, um nicht als unwissend zu gelten. Ihr wollt von anderen Menschen angenommen werden und erwartet häufig, dass die Menschen zu euch aufsehen. Tun sie das nicht, dann kann etwas nicht richtig sein mit euch, so redet ihr es euch leider viel zu oft ein. Was, wenn ihr anders ausseht als der von der Modebranche vorgegebene In-Typ? Wenn ihr eben nicht "up-to-date" seid? Wenn ihr keine Modelmaße habt, sondern einen leicht oder sogar ungesund übergewichtigen Körper?

Ihr bewertet euch in allen Lebenslagen. In der Familie, bei der Arbeit, sogar in den Hobbys bewertet ihr euch und messt euch darin mit anderen Individuen. Doch weshalb? Um vor euch selbst und anderen im Wert zu steigen. Doch was ist, wenn ich euch sage, dass es darum überhaupt nicht geht im Leben? Ihr denkt, euch nicht lieben zu können, wenn es die anderen nicht tun, wenn ihr eure Erwartungen, die ihr an euch selbst stellt, oder die Erwartungen anderer nicht erfüllt ... Denkt dabei bitte immer auch an den Spiegeleffekt, den ihr von den Mitmenschen erhaltet!

Ihr Lieben, ihr seid einzigartig, und jeder von euch ist schön – innerlich und äußerlich, auf seine ihm eigene Art und Weise. Jeder von euch ist perfekt, so wie er ist, erkennt dies an und wertschätzt es. Auch wenn ihr vielleicht gerne anders wärt, als ihr es heute seid, ihr seid gewachsen (körperlich und seelisch), und es geht niemals nur um Leistung. Erkennt den Druck, den ihr euch selbst macht, und nehmt Abstand davon. Denn Druck erzeugt Gegendruck, in und um euch herum. Liebt euch für das, was ihr seid, und liebt euch gerade dann, wenn es euch nicht gut geht. Wenn ihr das erkannt habt und umsetzen könnt, dann ist euch die Meinung anderer nicht mehr so wichtig wie zuvor, denn ihr habt euch eure eigene positive Meinung über euch gebildet. Ihr könnt zu euch und zu eurem Verhalten stehen, und das strahlt ihr wiederum aus. Ihr liebt euch selbst, ihr seid ausgeglichen – und diese Liebe ist bedingungslos. Ihr habt so viel von dieser Liebe, dass es euch ein Leichtes sein sollte, sie an andere Menschen weiterzugeben.

Das allein ist mit diesem Gebot gemeint. Nehmt es dankend an, und ihr werdet vom Erfolg begeistert sein! Das Ganze hat nichts mit Egoismus zu tun. Egoismus entsteht aus dem Mangel heraus und nicht aus der Fülle. Das Ego unterteilt in Gut und Böse und hebt sich auf einen Sockel, der euch und anderen nicht angemessen ist, denn alles ist eins. Solch ein Verhalten geschieht niemals aus der Liebe heraus, sondern aus der Angst vor dem Alleinsein, vor der Trennung. Erkennt, dass das Ego kämpft, und dieser Kampf zeigt sich in dem Bemühen, besser, schöner und stärker als andere zu sein. Doch die Liebe, die fehlt hierbei, und sie lässt sich niemals durch einen Kampf erreichen.

Lasst diese Worte in euer Bewusstsein fließen, wenn ihr möchtet. Stellt euch diesen Absatz in weißgoldenem Licht vor, und lasst es in euer Herz fließen.

Das Thema Selbstliebe hat viele Facetten, unter anderem auch das von euch oftmals nicht gern gehörte Wort "loslassen". Bei diesem Wort denkt ihr vielleicht an eine Klippe. Eine Hand wird euch gereicht, um euch vor dem Absturz zu bewahren – und dann hört ihr: "Loslassen!" Nein, ihr Lieben, das meine ich damit nicht. Ich spreche von den Gedanken, die ihr in euren Köpfen festhaltet und die ihr nicht wagt freizugeben. Es geht um alte Verhaltensmuster, die euch daran hindern voranzugehen. Was bringt es euch, wenn ihr alte Emotionen der Trauer, der Wut oder des Hasses mit euch herumtragt? Lasst sie doch einfach los! Dadurch werdet ihr euch viel freier fühlen. Ihr wisst vielleicht nicht, wie das so einfach geschehen soll, doch ich sage euch: Kontrolliert euer Verhalten.

Was sind alte Muster, die immer wieder in euch hochkommen? Seht euch diese Muster an, und erkennt den Schmerz, der dahintersteckt und der euch daran hindert loszulassen. Ihr wollt ihn festhalten, diesen Schmerz, denn er ist euch viel zu vertraut, ihr wärt einsam ohne ihn. Entschuldigt meine Worte, denn ich weiß, dass es euch nicht leichtfällt, alte, überzogene Verhaltensweisen zu erkennen. Doch im Loslassen liegt das wahre Glück.

Sobald ihr erkannt habt, welche Verhaltensmuster euch schaden, und sobald ihr gelernt habt, ohne Trauer oder Zorn loszulassen, wird es euch deutlich besser gehen. Dies sind keine leeren Versprechungen, wir Engel praktizieren das seit jeher. Es ist sicherlich wichtig, euch die Motivationen und die Grundzüge eures Verhaltens ins Gedächtnis zu rufen. Seht es euch an, und dann bittet uns darum, euch beim Loslassen zu helfen. Manchmal tut dies weh, und manchmal kommen erst einmal Dinge und Hintergründe ans Licht, um verarbeitet zu werden. Doch dies ist eure Chance, euer Leben leichter und friedvoller zu gestalten.

Was könnt ihr überhaupt alles loslassen? Sorgen, die ihr mit euch herumtragt, Situationen, Krankheiten, Menschen, eure Kinder, die erwachsen, flügge werden wollen, eure Familie und auch negative Gefühle euch selbst gegenüber. Damit meine ich nicht "weg damit" und "nie mehr ansehen müssen". Nein, meine Lieben, das wäre eine Falschannahme. Seht euch eure Gefühle an, und wandelt sie in Liebe um. Es ist wichtig, negative Gefühle nicht weiter zu nähren, sondern Liebe und Vertrauen auszusenden. Vertraut euren Partnern, vertraut euren Kindern – und das geht nur, indem ihr euch selbst vertraut.

Selbstliebe ist der Schlüssel zu eurem Selbst und zu euren Mitmenschen! Bittet uns Engel im Vertrauen um Hilfe beim Loslassen, und wir werden euch Schritte aufzeigen, die euch weiterbringen werden. Lasst sie los, die alten Themen, die alten Traumen und Selbstzweifel! Mit ihnen kommt ihr nicht weiter, sie halten euch zurück. Nährt die Gefühle nicht mehr mit weiteren negativen Emotionen, sondern sendet Liebe dort hinein und geht dann ins Positive. Und wenn ihr jemanden loslasst, den ihr bedingungslos liebt, dann erkennt: Er wird zu euch zurückkehren, wenn er jemals zu euch gehört hat, wenn eure Seele ein Zusammensein geplant hat.

Wie kann man sich all das vorstellen? Das Prinzip der Zellteilung veranschaulicht dieses Thema sehr gut. Man könnte es
vorab aber auch mit dem Zusammenschließen von kleinsten
Zellen im menschlichen Körper erklären.

Zellteilung geschieht, sobald eine Zelle sich durch Teilung
vermehrt, oder besser gesagt: indem sie ohne das Zutun einer
anderen Zelle aus eigener Kraft eine "Nachwuchszelle" hervor-
bringt. Denn sie selbst bildete sich ebenfalls durch eine andere
Zelle, die ihrerseits für Zellvermehrung gesorgt hatte. Wozu
soll das gut sein?

Ihr selbst wachst durch die Liebe, und eure Zellen – auch
die kleinsten Zellen, die nur Hellsichtige erkennen können –
dehnen sich aus. Ihr bildet immer mehr, immer weitere Zellen,
euer Licht scheint und ihr habt gar keine Ahnung, wie weit
ihr vom Universum aus zu sehen seid. Alte, euch nicht mehr
dienende Zellen gehen (vom körperlichen und vom energetischen Standpunkt aus gesehen), sobald ihr sie losgelassen habt.

Doch was meine ich mit dem Zusammenschließen der einzelnen Zellen? Ihr Lieben, ich spreche von euren Seelenantei-
len, nennt es Seelenaspekte oder Seelen-Selbste. Ihr integriert
sie in Prozessarbeit in euch, während ihr selbst dabei an Wissen und Erkenntnissen wachst. Diese Seelen-Selbste gehören
zu euch, sie leben in einer anderen Dimension und in einem
anderen Ausdruck, aber sie gehören zu eurem Selbst – zu einer
anderen Zeit und doch in der jetzigen Zeit. Ja, ich weiß, dass
dies schwer zu verstehen sein kann. Doch mit eurem geistigen
Wachstum integrieren sie sich in euch, ihre Energie passt sich
eurer Energie an und ihr könnt spüren, dass irgendetwas anders ist als sonst. Sie gehören zu euch, ihr müsst keine Angst
davor haben. Ihr wachst gemeinsam, und wenn der richtige
Zeitpunkt gekommen ist, dann werden sie gestärkt und bewusster wieder gehen – zurück in ihre eigene Wirklichkeit.
Diese kann auch in einem Paralleluniversum liegen.

Versucht, diese Wahrheit in euch ohne Druck zu integrieren. Denn mit dem jetzigen Stand eurer Wissenschaft habt ihr noch keine Möglichkeit, Beweise für dieses Vorgehen zu erstellen. Wenn es stimmig für euch ist, nehmt dieses Wissen auf, ansonsten setzt euch bitte nicht unter Druck. Es gibt viele Universen um euch herum, nicht nur dieses eine, in dem ihr gerade jetzt existiert.

Wie oft habt ihr euch gefragt: "Was wäre gewesen, wenn ich mich anders entschieden hätte?" Habt ihr euch dabei überlegt, wohin ihr diese Gedanken sendet? Ihr erschafft mit euren Gedanken, ihr Lieben, das ist so und das war schon immer so. Ihr habt Zugriff auf andere Universen und erschafft Materie mit euren Gedanken, auch wenn euch dies noch absolut unlogisch und unrealistisch erscheint. Doch früher oder später werdet ihr am eigenen Leib erkennen, wie die kosmischen Gesetze aufgebaut sind, nämlich dann, wenn ihr sie komplett in eure Zellen integriert habt. Ich meine damit die Zellen eures Bewusstseins, denn im Zellgedächtnis sind sie seit Ewigkeiten gespeichert. Indem ihr dieses Bewusstsein annehmt und lebt, stärkt ihr eure Seelenaspekte, sie gehen eine Zeit lang mit euch und verabschieden sich irgendwann wieder. Dies könnt ihr als eine Art Symbiose verstehen.

Lernt zusammen mit diesen Anteilen, wie es ist, in der Liebe zu leben. Erkennt zusammen mit ihnen, dass allein durch Liebe alles geheilt werden kann, was existiert. Denn Liebe ist die treibende Kraft im Universum, die einzige Kraft, die zählt. Wenn ihr jemanden ebenso liebt wie euch selbst (vorausgesetzt, dass ihr euch selbst liebt), dann erkennt ihr, dass ihr ihn loslassen könnt, wenn er es möchte.

Was ist Liebe? Liebe ist es, wenn man erkennt, ohne zu beeinflussen, wenn man zulässt, ohne zu verurteilen, wenn man zum Besten für den anderen handelt, ohne dabei das Beste für sich selbst, also für beide Beteiligten, aus den Augen zu verlieren. Das kann manchmal schmerzhaft sein, ihr Lieben, aber es ist auch sehr heilsam. Die Autorin Maisha wurde selbst durch Pfade geführt, die ihr Ego am liebsten niemals beschritten hätte, doch letztlich musste sie diese Wege gehen, denn sie haben Heilung herbeigeführt.

Euer Ego wird so manches Mal versuchen, sich euch in den Weg zu stellen, doch sobald ihr es erkannt habt, ist es nicht mehr stark genug, die Liebe und das Verständnis in euch zu unterbinden. Es wird sich irgendwann an die bestehende Liebesenergie anpassen.

Was ist die größte Angst, die in tief in euch sitzt? Es ist die Furcht vor der fehlenden Liebe, doch durch die Auflösung der Angst werdet ihr diese Liebe automatisch erreichen. Liebt euch selbst – wieder sind wir bei diesem wichtigen Grundsatz. Diskutiert nicht mit eurem Ego, sondern lasst Selbstliebe zu, und ihr werdet den Weg gehen können, den ihr immer schon gehen wolltet, und es wird gut sein.

Sobald ihr erkennt, dass ihr das Wohl des anderen vor euer eigenes Wohl stellt, tretet einen Schritt zurück und erkennt, dass nur die Liebe wirklich zählt. Ihr dürft lieben, aber ihr dürft euch selbst dabei niemals hintanstellen oder gar ganz vergessen. Lebt, lebt euch selbst und seid kein lebender Toter, sterbt nicht, während ihr das Leben genießen solltet. Damit meine ich, dass ihr nach vorne schauen sollt, dass ihr euch selbst heilen dürft vor allen anderen Menschen. Tut das, was gut für euch ist, gönnt euch all das, was ihr euch schon lange erhofft habt. Wenn euch etwas wehgetan hat, verarbeitet es in Liebe. Ich weiß, dass ihr das Wort bald nicht mehr hören mögt, doch überlegt einmal, warum das so ist? Welche Resonanz habt ihr zu diesem Wort? Ja, liebt euch. Liebt euch mit aller Kraft. Alles ist gut.

Was bedeutet Hass? Hass und Liebe liegen eng beieinander. Ihr könnt jemanden nicht hassen, wenn ihr nicht gleichzeitig etwas für diesen Menschen empfindet. Erkennt, was zählt, und ändert dann dessen Polarität. Stellt euch einen Wärmemesser, ein Barometer vor, und erkennt die Werte, die es euch anzeigt. Es ist euer Gefühlsbarometer. Wo liegen eure Werte? Sind sie eher im wärmeren oder vielleicht sogar im Minusbereich? Ihr könnt sie ändern, jederzeit. Stellt euch einen Regler vor – und hebt ihn an, richtet ihn so weit nach oben, wie es für euch in diesem Moment richtig und vertretbar erscheint. Sollte dieses Barometer wieder fallen, nehmt es euch wieder vor und regelt erneut die Stärke – so lange, bis sie konstant bestehen bleibt. Immer wieder, so oft es nötig sein sollte. Versucht, die Energie zu halten, die Schwankungen nicht mehr hinzunehmen. Lernt, eure Gefühle zu beherrschen, alleine durch euren Willen könnt ihr Meister über eure Gefühle werden.

Das sind die alchemistischen Gesetze, ihr Lieben, nachzulesen im Klassiker *Das Kybalion*. Es ist die einzige Art, euer Leben zu meistern, indem ihr selbst euer Gefühlsbarometer beherrscht. Lasst es nicht durch äußere Kräfte beeinflusst werden, sondern legt die Werte selbst fest.

Fazit: Was ist in euch, was macht euch Angst? Seht es euch an, geht hindurch – und dann geht weiter. Bringt euer Gefühlsbarometer in Harmonie, erkennt, dass ihr selbst eure Emotionen bestimmen und steuern könnt. Ihr seid die Einzigen, die über euer Leben bestimmen dürfen. Nicht die anderen und auch nicht deren Verhalten. Ihr selbst könnt über Glück und Unglück entscheiden beziehungsweise darüber, wie ihr euch verhaltet.

Zum Abschluss dieses Kapitels möchte ich gerne noch eine kleine Meditation vorgeben. Wendet sie so oft an, wie es euch richtig erscheint.

Ich bitte euch, zentriert euch. Verbindet dazu euer Wurzelchakra, das erste Chakra, und die Füße mit der Erde. Stellt euch vor, wie Wurzeln von euren Füßen ausgehend in den

Boden wachsen. Danach lasst alle negativen Emotionen – Ängste, euren Groll, Wut, Ärger, Zorn oder Traurigkeit – in den Boden abfließen. Es ist okay, wenn ihr diese Energien an die Erde abgebt, denn sie erhält ein anderes Geschenk von euch ... Verbindet euch dann gedanklich mit der Sonne, und lasst die Strahlen der Sonne durch euch hindurchfließen. Erkennt die Liebe, die von ihr ausgeht, und integriert sie. Es ist göttliche Liebe, die nun in euch fließt, durch euch hindurch und in den Boden hinein. Seht euch als Schaltstelle zwischen Himmel und Erde. Ihr selbst erhaltet dabei so viel positive Sonnenenergie, wie es in diesem Moment richtig und gut für euch ist.

Danach beendet die Verbindung und kommt langsam wieder ins Tagesbewusstsein zurück.

In Liebe,
Metatron

4. KAPITEL

DAS WURZELCHAKRA –
WOHLSTAND AUF ALLEN EBENEN

Wenn ihr euch fragt, wer ich bin, dann erkennt, wer ihr seid, und ihr werdet es wissen.

Was meine ich damit, ihr Lieben? Könnt ihr es euch schon denken? Oder habt ihr Probleme, die Antwort in euer Bewusstsein zu lassen? Und noch etwas möchte ich euch fragen: Wenn ihr meint zu existieren, wie könnt ihr dann behaupten, dass ich nicht existiere? Weshalb vergesst ihr immer wieder, euch an das zu erinnern, was ihr an Wundern um euch herum gezeigt bekommt im Leben?

Habe ich euch verwirrt? Danke, das war meine Absicht (Metatron lächelt). Ich versuche, euch aufzuzeigen, wer ihr selbst seid. Hört auf, nur zu existieren – lebt! Lebt euer Leben, und lebt eure Leidenschaft. Lebt das, was ihr euch bisher untersagt habt, ins Geschehen zu bringen. Lebt das, was ihr von euch geschoben habt, weil es vielleicht zu viel Zeit brauchte oder weil es euch vielleicht zu kompliziert erschien. Wenn ihr etwas wirklich von Herzen tut, so braucht es niemals zu viel Zeit, denn ihr werdet die Möglichkeit bekommen, genau diese Zeit für das, was ihr leben wollt, zu investieren. Wir werden euch helfen, ihr Lieben, dass ihr dem Plan folgen könnt, ohne Verluste zu erleiden. Wir haben die Möglichkeit, euch nach bestem Wissen und Gewissen zu unterstützen, wenn ihr dies zulasst. Dann ist es gar nicht mehr nötig, euer Herz zu verschließen, denn ihr arbeitet aus eurem Herzen heraus und müsst nicht wie bei einer euch ungeliebten Tätigkeit funktionieren. Ihr verschließt euer Herz immer und automatisch, wenn ihr einer euch ungeliebten Arbeit nachgeht. Natürlich ist es nötig, Geld zu verdienen, das bestreite ich nicht. Aber deshalb ist es umso wichtiger für euch, euer Herz immer wieder in Liebe zu öffnen bei einer Tätigkeit, die eure Schöpferkraft fordert.

Aber selbst einer ungeliebten Arbeit könnt ihr in Liebe nachgehen – auch wenn ihr es euch vielleicht nur schwerlich vorstellen könnt. Auch diese Arbeit verdient eure volle Aufmerksamkeit, und auch diese Aufgabe wird euch schneller und besser von der Hand gehen, wenn euer Herz offen ist. Die nervenden Kollegen, der nörgelnde Chef ... Vielleicht ist es manchmal nicht ganz einfach für euch, doch solltet ihr genau dies als eine Herausforderung an euer Selbst ansehen. Ihr werdet den Unterschied spüren, und die anderen Menschen (auch missgestimmte Kollegen) dabei anstecken mit eurer guten Laune und eurer Liebe. Der grummelige Chef wird über eure Späße lächeln müssen – vielleicht auch erst, nachdem ihr die Tür hinter euch geschlossen habt. Ihr werdet aber sicherlich früher oder später eine Reaktion bei ihm bemerken – jedoch nur, wenn die Liebe wirklich aus eurem Herzen herausströmt. Wie oft habt ihr unbewusst euer Herz verschlossen und es nicht einmal bemerkt? Sei es aus Trotz, sei es aus Traurigkeit oder Schmerz oder sei es einfach, weil ihr euch etwas anderes erhofft hattet als das, was ihr dann vom Universum präsentiert bekamt. Hattet ihr bei einem bestimmten Thema Erwartungen, und diese Erwartungen wurden bisher noch nicht erfüllt? Ja, auch das tat euch sicherlich weh. Wie schwer ist es, von diesen Erwartungen abzulassen – und wie leicht fühlt es sich an, wenn man es endlich geschafft hat.

Ich möchte euch ein Beispiel hierfür nennen: Ein kleiner Vogel möchte fliegen lernen. Er versucht, vom Boden abzuheben, doch die Muskulatur seiner Flügel ist noch nicht fertig ausgebildet. Die Angst kommt hervor – vielleicht wird er niemals lernen zu fliegen. Er überlegt ... Es könnte doch sein, dass nur die anderen Vögel fliegen können, aber er selbst hat womöglich kein Talent dazu. Er müsste für immer auf der Erde bleiben und könnte von der nächsten Katze angegriffen werden. Vielleicht ist es aber auch sein Schicksal, niemals fliegen zu lernen, es scheint zu hoch für ihn zu sein. Er überlegt sich, sich einfach vor der Katze zu verstecken.

Er hat Angst, etwas falsch zu machen, und so gibt er es auf, zu fliegen und vielleicht abzustürzen. Er hat Angst davor, verletzt zu werden – denn dann müsste er sich auch eingestehen, dass es ein Fehler war, es überhaupt jemals versucht zu haben. Er verschließt sein Herz, und seine Energie wird immer schwerer, denn nicht nur die Angst vor der Höhe, sondern auch die Angst vor der Katze ist immer noch in ihm. Deshalb redet er sich jetzt ein, dass es das Beste für ihn sei, nicht zu fliegen, denn er könnte abstürzen und sich den Hals brechen. Fliegen sei einfach zu gefährlich für ihn, und vor der Katze würde er hoffentlich auch auf dem Boden ein geeignetes Versteck finden.

Nun, ein zweiter Vogel (sein Bruder) denkt überhaupt nicht darüber nach, was er macht, als er plötzlich die Flügel benutzt und vom Boden abhebt. Er sendet die Absicht aus zu fliegen, und ihm ist klar, dass er ein Vogel ist und dass er zum Fliegen geboren ist. Er kann sich gar nicht vorstellen, dass es nicht klappen könnte. Er hebt leicht wie eine Feder vom Boden ab, denn der Himmel ist seine Heimat.

Ihr lieben Leser, ihr seid diese beiden Vögel – ihr seid sie gleichzeitig. Und ihr könnt euch nun entscheiden, welcher Aktion der Vögel ihr euch anschließen wollt. Wollt ihr hoch hinaus fliegen, frei und unabhängig sein – oder lieber angstvoll am Boden bleiben?

Niemand kann euch sagen, ob ihr nicht einmal schmerzhaft auf dem Boden landen werdet. Doch warum steht ihr dann nicht einfach wieder auf (manchmal dauert es auch etwas, bis die Wunden verheilt sind) und fliegt wieder hoch? Denn euch ist doch klar, dass ihr Vögel – also zum Fliegen geboren – seid. Vertraut euren Flügeln, die euch tragen werden, und blickt der Katze auf dem Boden liebevoll lächelnd ins Gesicht. Wir Engel werden euch dabei unterstützen, wenn ihr uns darum bittet. Aber fliegen – fliegen müsst ihr schon selbst.

Das Thema Fliegen ist eine wunderbare Überleitung zu unserem ersten Chakra, dem Wurzelchakra. Denn ohne ein gut funktionierendes Wurzelchakra kann kein Vogel gut fliegen, da ihm das Gleichgewicht fehlt.

Doch erst einmal möchte ich euch noch etwas Allgemeines zu den Chakren im menschlichen Körper sagen. Ihr Lieben, die Chakren werden von euch oftmals sehr wichtig genommen, dabei beherbergen sie nur eure Lebensthemen. Ich sage "nur", obwohl ich damit natürlich nicht ausdrücken möchte, dass die Chakren unwichtig für euch sind – nein, so ist es gewiss nicht. Doch ihr könnt lernen, ein Chakra rein zu halten, indem ihr euch den im jeweiligen Chakra gezeigten Themen zuwendet. Dann werden eure Chakren sehr bald ausgeglichen sein, und das könnte sehr wohl ohne Energiearbeit wie Reiki und dergleichen geschehen. Wenn ihr die Themen jedoch nicht erkennt, dann habt ihr das Chakra blockiert, wobei euch Reiki, Matrix-Heilung und dergleichen sehr wohl helfen können. Es gibt viele Wege, und einer davon wäre es, die Engel um eine Chakrenreinigung zu bitten.

Zu den einzelnen Chakren:
Das erste Chakra, das Wurzelchakra, ist den Energien der Erde gewidmet. Es sorgt für die Verbindung zur Erde, es nimmt die Erdenergien auf und gibt negative Energien – aber

auch positive – an die Erde ab. Mit dem ersten Chakra können wir folgende Themen überprüfen: Wie ist meine Verbindung zur Erde? Bin (fühle/laufe) ich ausgeglichen? Sitzen nichtbearbeitete Ängste oder Energien in dem Chakra fest? Lebe ich im materiellen und universellen Wohlstand? Habe ich Schmerzen, die mit dem Chakra in Zusammenhang gebracht werden können (Blasenschmerzen, Fuss-, Bein-, Hüftschmerzen oder dergleichen)?

Das erste Chakra steht des Weiteren für Vergangenheitsbewältigung, Kindheitstraumata, Kummer, der langanhaltend und schmerzhaft war, Familienthemen, Ahnenthemen, Sexualthemen und so weiter. Es beherbergt alle Erinnerungen von Missbrauch in der Sexualität in diesem und in Vorleben. In ihm sind viele Ängste enthalten, die mit dem Verlassenheitsgefühl zu tun haben, und alle emotionalen Traumata, die bisher verdrängt wurden – diese können sowohl in der Kindheit als auch im Erwachsenenalter gebildet worden sein.

Dies waren nur ein paar der möglichen Aspekte, die dem ersten Chakra zugeordnet sind. Es befindet sich am Ende der Wirbelsäule unter dem Steißbein und ist nach unten hin geöffnet.

Ihr Lieben, bitte erkennt, dass die Arbeit eines jeden Chakras sehr wichtig ist. Sind die Chakren unterversorgt mit Energie, so kann auch das benachbarte Chakra in Mitleidenschaft gezogen werden. Das Chakra empfängt die lebenswichtigen Energien des Universums und gibt sie an das ihm entsprechende Körpergewebe weiter (Hüfte, Blase, Geschlechtsorgane und so weiter). Wenn die Energie nicht ausreicht, um dem Körper genügend Licht zur Verfügung zu stellen, kommt es unweigerlich zu Krankheiten im betreffenden Bereich. Ich möchte gerne ein Beispiel nennen: Ihr habt eine Blasenentzündung, und diese wird nicht behandelt (auch das Thema dazu wird nicht erkannt). Dann senkt sich die betreffende

Energie weiterhin ab, und die Blasenentzündung kann langsam aber sicher in eine weitergehende Nierenbeckenentzündung ausarten (Ausweitung der Energieblockade ins zweite und sogar bis ins dritte Chakra). Natürlich ist diese Ausbreitung mittels Antibiotikagabe vermeidbar, doch würde damit nur das Symptom, nicht jedoch die Ursache der Erkrankung erkannt und bearbeitet werden – die Erkrankung wird nach innen verschoben, und irgendwann wird sie wohl verstärkt wieder hervortreten. Gesundheit kann immer nur in der ganzheitlichen Behandlung erreicht werden. Es geht darum zu erkennen, welches Thema dahintersteht. Was genau möchte euch die Krankheit sagen? Hört tief in euch hinein, und stellt euch euer Chakra vor. Wie sieht es aus? Könnt ihr seine Farbe erkennen? Könnt ihr seine Energie erkennen? Stockt der Energiefluss, kommt zu wenig göttliche Energie von außen in den Chakrenwirbel hinein? Das Chakra sieht geöffnet aus wie ein Trichter, manche Menschen erkennen es auch als eine geöffnete Blüte – lasst euch von eurer Phantasie führen, sie zeigt immer das Richtige an, und stellt euch dann vor, wie das Licht, die Liebesenergie des Universums, durch das geöffnete Chakra eindringt, es reinigt und eurem Körper zur vollständigen Genesung zur Verfügung steht.

Falls ihr euer Chakra als geschlossen wahrnehmt oder euch schwertut mit dem Energietransfer, so bittet uns um Hilfe. Wir helfen euch natürlich ebenfalls, wenn ihr Probleme damit habt, die Chakrenenergie zu erkennen. Wir sind immer da, um Hilfestellung zu geben. Bittet uns darum, die negative Energie, die das Chakra blockiert, zu lösen. Wir können euch auch das Thema zeigen, damit ihr die Möglichkeit habt, es zu transformieren – gebt darauf Acht, die von uns übermittelten Gefühle wahrzunehmen und nicht mehr zu verdrängen.

Es ist sinnvoll, zuallererst mit den emotionalen Traumata in eurem Leben abzuschließen. Erkennt, was vorher war, erkennt, wie es euch heute beeinflusst, erkennt, wie es eure Handlungen beeinflusst und euer Denken hemmt. Denn ja, alle Ängste und Erinnerungen, die im ersten Chakra abgespeichert sind, beeinflussen gleichzeitig eure Denkweisen. Es fängt mit eurer Geburt an: Seid ihr unter problematischen Umständen auf die Welt gekommen? Oder geschah ein Unglück in eurer Kindheit, das ihr bislang vielleicht verdrängt habt? Nein, ihr Lieben, es ist nicht so, wie ihr es in der einschlägigen Literatur nachlesen könnt, dass das erste Chakra vor allem für die Themen Geld und Wohlstand verantwortlich ist. Für diese Themen sind allein eure Traumata oder eure Ängste verantwortlich – sie alleine lassen euch bangen und auf Zuwendung oder Geldmittel hoffen. Glaubt mir, dass ihr niemals verhungern werdet, weil ihr immer genügend Mittel zur Verfügung habt, wenn euer erstes Chakra ausgeglichen ist. Ihr zieht jedoch meist all das an, was euch eure Ängste vorgaukeln, was euer Ego euch vorzuspiegeln vermag. Aber bitte erkennt, dass diese Gedanken aus dem Mangel hervorbrechen. Ihr sendet Mangel aus und habt Angst davor zu verarmen, ihr habt Angst davor, nicht geliebt zu werden – und dann wundert ihr euch, weshalb ihr nicht genügend Geld habt oder weshalb ihr nicht genügend Liebe bekommt. Mit einem ausgeglichenen ersten Chakra werdet ihr keinen Mangel mehr empfinden. Trotzdem fällt es manchen von euch schwer, dieses Chakra gesund zu erhalten. Und weil das Chakra es verschleiert, erkennt ihr auch eure Probleme nicht, denn wer von euch Menschen – und das sage ich nicht abschätzend – möchte schon gerne an negative Kindheitserinnerungen oder an negative Erlebnisse erinnert werden? Wer? Bitte melden! :-)

Ich möchte euch aus diesem Grund raten, euch eure Themen in Erinnerung zu bringen, so ihr willens seid, etwas in eurem Leben zu verändern. Wenn ihr bereit seid, aus dem Negativdenken auszubrechen, wenn ihr etwas verändern wollt in und um euch herum, so fangt mit der Veränderung an diesem ersten Chakra an. Wandelt eure traumatischen Erinnerungen in Liebe um, euer erstes Chakra wird es euch danken.

In Licht und Liebe,
Metatron

5. KAPITEL

DAS SAKRALCHAKRA – GEFÜHLE DES INNEREN KINDES

Das zweite Chakra – das Sakralchakra – befasst sich unter anderem mit den Themen Sexualität und Lebensfreude. Beides, die Sexualität und die Lebensfreude, gehören zusammen. Dies bedeutet nicht, dass ihr unbedingt eure Sexualität leben müsst, sondern es meint, dass alles, was das zweite Chakra blockiert, eure Lebensfreude hemmt. Was ist mit euch los an solchen Tagen, an denen ihr zu gar nichts Lust habt, an den verregneten Tagen, an denen mürrische Stimmung herrscht? Vielleicht würde gar keine mürrische Stimmung herrschen, wäre euer zweites Chakra nicht blockiert. Dieses ist nämlich wie ein Stimmungsbarometer und wächst mit dem Wetter (beziehungsweise schrumpft damit zusammen). Es ist nicht nötig, euer Chakra dem Wetter anzupassen, ihr Lieben. Legt eure Hände darauf und versorgt es mit göttlicher Energie, dies ist immer förderlich für euch und euer Körpersystem.

Wichtig ist auch zu wissen, dass der hintere Teil des Chakras das Thema Schuld und auch das Thema Trauer beherbergt. Die Schuld und auch die Trauer hemmen euch in eurer Entwicklung der Freude, deshalb solltet ihr beides in euch erkennen und auflösen. Es gibt keine Schuld, ihr Lieben, merkt euch dies, denn das ist alles, was zählt. Schuld gibt es nicht. Nicht in unserer Energie, denn das Wort "Schuld" existiert nur in der dreidimensionalen Ebene.

Ihr denkt, dass es, wenn ihr ein bestimmtes Verhalten aussendet, das ihr im Nachhinein als falsch erachtet, eure Schuld sei. Doch nein, bitte erkennt, dass es niemals eure Schuld sein kann, wenn die angebliche Schuld doch das Wachstum eines anderen Organismus fördert. Wie das sein kann, fragt ihr euch? Indem ihr ein bestimmtes Verhalten an den Tag legt, muss eine andere Energie auf dieses Verhalten reagieren – oder vielleicht auch nicht reagieren. Doch alles, was diese Person tut, wie diese Person auf eure ausgesendete Energie reagiert, ist und bleibt ihre eigene Entscheidung und hat nichts mit euch zu tun. Ich werde dies anhand eines Beispiels erklären: Ein Maulwurf gräbt einen Tunnel, und er vergisst, dass der Tunnel in der Nähe eines Bachlaufes liegt, der bei häufigem Regen überläuft. Was ist nun, wenn seine Familie sich zu der Zeit im Tunnel aufhält, wenn das Wasser des Baches den Tunnel durchströmt? Nehmen wir an, der Maulwurf selbst ist gerade nicht anwesend, wenn die Tragödie ihren Lauf nimmt. Er würde sich immer seine Schuld vorhalten, wäre er ein Mensch. Doch da er ein Tier ist, weiß er instinktiv, dass auch seine Maulwurfsfrau diese Höhle wählte, um dort mit ihrem Nachwuchs zu verweilen. Auch sie hätte also auf den Bach aufmerksam werden können, doch auch sie erkannte nicht, dass der Bach todbringend sein kann. Der Maulwurf weiß, dass es Situationen gibt, die man nicht vorausplanen kann, und dass es Dinge gibt, die unvermutet eintreffen – seine Seele weiß darüber Bescheid. Obwohl er sehr um seine Familie trauert, würde er sich deshalb niemals die Schuld an dem Vorfall geben, was ihr, liebe Menschen, leider immer noch viel zu häufig tut.

Doch warum fällt es euch oft so schwer, die Zeichen zu erkennen? Nun muss ich weiter ausholen: Viele Menschen auf dieser Erde versuchen durch allerlei Aktivitäten, ihrer eigenen Energie zu entrinnen. Sie haben oft eine unbewusste Angst davor, ihren eigenen Lebensplan zu erkennen, denn das hieße, dass ihr Leben grundlegend geändert werden müsste. Deshalb hasten sie lange Zeit einfach weiter und weigern sich, nach innen zu sehen – bis sie körperlich krank werden. Sie werden krank, weil sie sich selbst nicht gelebt haben und nicht erkennen konnten, wozu das Leben in Wahrheit da ist. Dann können ihnen die Schicksale anderer Menschen etwas aufzeigen: Sie sehen leidende Eltern, sie hören von einem verstorbenen Kind und sie selbst erkennen, was ihnen ihre Familie oder auch ihr Leben bedeutet! Das gibt ihnen die Chance zu erkennen, was sie "falsch" gemacht oder übersehen haben. Dann erkennen sie, dass sie nicht leben, um zu arbeiten, sondern um zu lernen – und das ist ein riesengroßer Unterschied.

Und lernen dürft ihr in Freude, ihr Lieben, das wünsche ich euch. Wenn ihr euch jedoch für den schwereren, schmerzhafteren Weg entscheidet, so müssen wir eure Wahl akzeptieren. Doch: Lernt in Liebe, lernt in Freude, blickt in euch und erkennt alles, was euch zur Auflösung gereicht wird – und euer zweites Chakra kann ebenso frei leben wie ihr. Dann ist es nicht nötig, durch Leid zu lernen.

Habt ihr schon einmal von dem Begriff "inneres Kind" gehört? Wofür steht das innere Kind? Steht es dafür, zu spielen, lustig zu sein oder sich mit dem Spielen zu beschäftigen? Dabei ist es egal, ob es um Kartenspiele, Monopoly, Memory oder Puzzle geht. Es geht um das Thema "Lebensfreude". Kinder wollen spielen oder müssen ein Hobby haben, um glücklich zu sein. Ein Kind, das seine Phantasie im Spiel nicht benutzt, ist wohl kaum glücklich. Deshalb steht das Sakralchakra unter anderem auch für die Lebenslust des inneren Kindes.

Doch das innere Kind steht noch für so viel mehr als nur für das Spielen. Es zeigt euch auf, welche Konflikte bereits in der Kindheit durch die Erziehung, den Kindergarten, die Schule, Traumata und so weiter in euch entstanden sind. Das innere Kind existiert – es lebt wirklich in euch. Es ist die Energie, die euch immer wieder darauf hinweist, wenn ihr nicht zulassen oder annehmen könnt. Ja, glaubt es mir, ihr lieben Lebewesen, ihr könnt so viel Spaß mit eurem inneren Kind haben, wenn ihr es annehmt und ihm das gebt, was es doch so gerne von euch hätte. Die Liebe, die es vielleicht damals vermisst hat, weil die Eltern zu beschäftigt waren oder anderweitig verpflichtet. Vielleicht hattet ihr einen oder beide Elternteile verloren? Wisst, dass eure Eltern euch stets das an Liebe gaben, was sie euch zu geben vermochten. Vielleicht war ihr Herz so manches Mal verschlossen, und sie hatten Probleme damit, es euch gegenüber zu öffnen? Oder leidet ihr an einem anderen Trauma, das überhaupt nichts mit Mutter oder Vater zu tun hat? Wurdet ihr geschlagen, missbraucht, missachtet, verspottet? Von anderen Kindern beschimpft, oder mochte euch beispielsweise die Kindergärtnerin oder der Lehrer/die Lehrerin nicht? Hattet ihr in der Schule schlechtere Noten, als es erwünscht war, und fühltet ihr euch deshalb minderwertiger als eure Klassenkameraden? Dann erkennt, dass ein jeder Mensch eigene Aufgaben und Talente hat, die ihn zu dem machen, was er ist. Es gilt, diese Gaben und Talente zu erkennen, wenn ihr sie nicht bereits lebt.

Zum Abschluss dieses Kapitels habe ich noch eine Meditation für euch, euer inneres Kind betreffend: Begebt euch in einen Raum, in dem ihr ungestört seid. Schließt die Augen, und stellt euch vor, wie ihr euch gedanklich in euer Herz begebt. In diesem Herzen ist ein Raum, es ist der Herzensraum. Mehrere Türen befinden sich in diesem Raum, und auf einer der Türen steht der Begriff "Spielzimmer". Öffnet diese Tür und begebt euch hinein in dieses Zimmer. Ihr werdet euer inneres Kind sehen, und es wird euch zeigen, was es am liebsten tun würde. Wie alt ist es? Bittet es euch, mit ihm zusammen zu spielen? Möchte es Schlittschuhlaufen, möchte es malen, sticken, ein Puzzle machen? Vielleicht möchte es Drachen steigen lassen? Wie ist eure Antwort, die ihr diesem Kind gebt?

Bitte bedenkt, ihr selbst seid das Kind. Erfüllt ihr euch euren Wunsch? Oder vertröstet ihr es und sagt zu ihm, dafür sei es doch schon viel zu groß und ihr hättet überdies im Moment gar keine Zeit dazu?

Fragt das Kind, ob es euch etwas zu sagen hat und ob es etwas auf dem Herzen hat. Vielleicht möchte es mit euch darüber sprechen. Hört ihm zu, sprecht mit ihm und lasst ihm Zeit, wenn es vielleicht noch nicht sofort auf euch zugehen kann und schüchtern oder ärgerlich ist. Es könnte jedoch auch sein, dass es einfach nur von euch in den Arm genommen werden möchte. Wenn es bereit dazu ist, fragt es, ob es immer bei euch bleiben möchte, denn viel zu oft sondert es sich von euch ab, wenn ihr vergesst, dass es existiert. Und das tut es wirklich, ihr Lieben. Liebt dieses Kind, und liebt damit euch selbst.

In Licht und Liebe,
Metatron

6. KAPITEL

DAS SOLARPLEXUSCHAKRA – KRAFT UND STÄRKE DURCH DIE LIEBE

Nun kommen wir zum dritten Chakra des menschlichen Energiekörpers, zum Solarplexuschakra. Manche nennen es auch "Sonnengeflecht". Was meint ihr, was euer Sonnengeflecht ausstrahlt, wenn ihr in Liebe und gleichzeitig in eurer Stärke seid? Es strahlt eine hellgelbe, fast weiße, reine Farbe aus. Wenn ihr ebenso wie wir Engel in jedem Augenblick die Farben sehen könntet, die aus eurem Solarplexus strömen, wenn ihr in Konfrontation mit anderen Energien seid – sofort würdet ihr Unregelmäßigkeiten in eurem Energiesystem erkennen können. Alle möglichen Farben strömen bei Differenzen mit anderen Individuen aus eurem Solarplexus hervor sowie in euer Energiesystem hinein. Dunkle Farben haben dabei die Macht, es zu verunreinigen.

Könnt ihr euch vorstellen, wie ein verletztes drittes Chakra aussieht? Es ist völlig klein, ausgefranst, leblos und ohne Farbe. Ihr selbst habt die Möglichkeit, es wieder aufzubauen und die Farben zu erneuern. Stellt euch vor, wie die das Chakra verschmutzende Energie herausgezogen wird und reine, göttliche Energie aus weiß-goldener Farbe hineinströmt. Spürt ihr den Unterschied?

Der verletzte oder verunreinigte Solarplexus beherbergt die Themen des Machtmissbrauchs, aber auch die der Unterdrückung. Das Chakra hat die Fähigkeit zu unterdrücken – und es wird unterdrückt. Denn alle Angriffe erfolgen zunächst auf das dritte Chakra, solange es nicht ausgeglichen ist. Stellt euch das so vor, als würde ein Fremdkörper auf einen Luftballon fallen: Entweder hält dieser Ballon dem Angriff stand, oder er platzt und der Fremdkörper nimmt die Stelle des defekten Luftballons ein.

Ja, meine Lieben, es ist möglich und kommt sogar sehr häufig vor, dass die Energie anderer Menschen in euren Solarplexus eindringt und ihn verunreinigt. Doch aus welchen Gründen kann dies geschehen? Ihr selbst habt den Spiegel vor euch, ihr Lieben. Ihr teilt sogenannte Schläge an andere Energiekörper aus, und ihr nehmt diese auf andere Art und Weise wieder an. Dies ist karmisch bedingt, und es entspricht dem Karma, welches ihr noch unerlöst in euch tragen könnt. Alles, was ihr aussendet, kommt wieder zu euch zurück, dies ist ein kosmisches Gesetz.

Etwas gibt es noch, das ich euch nicht verheimlichen möchte: Lernt aus euren Fehlern. Versteht, dass andere Menschen euch deshalb Steine in den Weg legen, weil ihr, vielleicht auch in einem früheren Leben, ihnen dasselbe angetan habt. Versucht, die Verbindung zu begreifen, die karmischen Ursprungs ist. Jede Art von Karma tritt aus dem Grund auf den Plan, weil sie geheilt werden möchte. Heilt es mit Liebe und Verständnis, mit Vergebung – statt mit Flucht oder sogar mit einem Gegenangriff. Nur auf diese Weise ist euch die Heilung des Karmas gewiss. Indem ihr das Karma erkennt und heilt, heilt ihr euch selbst.

Im vorigen Kapitel sprach ich darüber, dass es wichtig ist, sich selbst zu lieben, um andere wahrhaft annehmen und lieben zu können. Wahre Selbstliebe hat niemals etwas mit Egoismus zu tun – Selbstliebe heilt, Egoismus jedoch schafft im ungünstigsten Fall erneutes Karma. Indem ihr euch selbst vor andere Menschen stellt, indem ihr euch selbst als das Wichtigste erachtet und andere als unwichtig, entsteht Karma. Ist es jedoch so, dass ihr zuerst euch selbst zuhört und danach, wenn ihr euch in Liebe gegenübergetreten seid, diese Liebe anderen Menschen zukommen lasst, so seid ihr wahre Meister unter den Menschen. Auch dazu möchte ich euch wieder eine kurze Geschichte erzählen. Es war einmal (alle guten Märchen beginnen so) eine kleine Maus, die in der Bäckerstube ein Stück Käse auf dem Boden liegen sah. Die Maus empfand den Käse für sich selbst als zu klein, denn sie hatte großen Hunger. Sie dachte zudem auch an ihre Kinder und suchte daraufhin nach einem größeren Stück Käse. Es gab noch mehrere dieser kleinen Stücke im Bäckerhaus, doch sie erhoffte für sich den größten Käse, den sie bekommen konnte. Sie dachte nicht daran, dass die anderen kleineren Käsestücke, die sie liegen gelassen hatte, zusammen noch viel mehr ergeben würden als dieses größte Stück Käse, das sie sowieso nicht alleine tragen könnte. Sie vergaß vor lauter Gier jedoch irgendwann, dass es in der Bäckerstube ihre Kinder gab, die sie eigentlich nicht so lange alleine lassen sollte. Nein, sie dachte nur an sich – und an ihren Käse. So ging sie auf die Straße, denn sie roch den Käse aus der gegenüberliegenden Käserei. Als sie über die Fahrbahn lief, wurde sie von einem Auto erfasst und überfahren. Sie hatte "zu hoch gepokert" und konnte dadurch weder den Hunger ihrer Familie noch ihren eigenen Hunger stillen. Hätte sie sich zuerst an den kleineren Käsestücken gelabt und gestärkt, um dann einige davon ihrer Familie zu bringen, so wäre dieses aus reiner Liebe und nicht aus Gier geschehen.

Weshalb erzähle ich euch diese Parabel, ihr Lieben? Wie oft geht es euch nicht selbst so, dass ihr so manches Mal zu hoch hinauswollt und deshalb viele Verluste in Kauf nehmen müsst? Wie oft stoßt ihr dabei andere Menschen vor den Kopf? Wie oft lasst ihr sie in seelischer Grausamkeit verhungern und denkt vorrangig an euch selbst, obwohl ihr doch so viel mehr gehabt hättet, wenn ihr die einzelnen kleinen Käsestücke vor euch auf dem Weg zu schätzen gewusst hättet? Zum Schluss seht ihr nur den geernteten Misserfolg und macht das Schicksal dafür verantwortlich, da ihr die vielen kleinen Dinge, die auf eurem Weg lagen, nicht angenommen habt. Ich spreche dies aus in Liebe und bitte euch, darüber nachzudenken.

Nun zu den körperlichen Entsprechungen des dritten Chakras: Der Solarplexus beeinflusst den Magen-Darm-Bereich, die Nebennierenrinde und die Bauchspeicheldrüse. Nebenbei ist er für die Hormone zuständig. Auch bei Haut- und Haarproblemen sollte man deshalb an den Solarplexus denken ... Trockene Haut sowie natürlich alle daraus entstehenden Hautprobleme stehen – wie viele von euch bereits wissen – für mangelnde Abgrenzung. Fettige Haut steht für das Ungleichgewicht zwischen Seele und Körper. Die Haut bildet eine Ablagerung, die aus der Störung des Energiekörpers heraus entstand; meist konnten Gefühle nicht ausreichend geklärt werden. Ich werde auch das am besten anhand eines Beispiels erklären: Eure Haut ist das Organ, welches sich am direktesten mit allem, das euch umgibt, auseinandersetzen muss, da sie als Schutzhülle fungiert; sie ist das größte Organ des Körpers und das, das als Erstes in Kontakt mit der Umwelt kommt. Durch die Zusammensetzung von Haut und Schleimhaut, die je eine andere Funktion erfüllen, verträgt die gesunde Haut eine kurzfristige Keimüberbelastung von bis zu 500 Prozent schadlos. Doch eine unzureichend geschützte Haut kommt mit einer vermehrten Überbelastung nicht klar, sie versucht, Erreger abzustoßen, um sich zu schützen. Sie bildet einen Fettfilm auf der Haut, da sie sich nicht anders zu wehren weiß und andere Energien nicht ausreichend ausbalancieren kann. Dies alles geschieht zum Schutz, weshalb fettige Haut gerne und oft in der Pubertät des Menschen auftaucht. Die Talgdrüsen produzieren das Hautfett, sodass das Hautgewebe besser geschützt werden kann.

Nun noch zu einer weiteren, wichtigen Funktion des dritten Chakras: Es ist für alle körperlichen und seelischen Verdauungsfunktionen zuständig. Damit ist gemeint, dass ihr alles, was ihr zu euch nehmt, über das dritte Chakra verarbeitet. Alle Speisen, alle Konfrontationen mit der Umwelt werden über das dritte Chakra abgewickelt ... Dies erklärt auch, warum euch Stress auf den Magen schlagen kann – sowie natürlich auch auf die Haut. Der Magen ist eines der empfindlichsten Organe des menschlichen Körpers, das auf alle äußerlichen und innerlichen Belastungen reagiert. Dabei ist anzumerken, dass Stress ein Magengeschwür verursachen kann und dass die Liebe ebenfalls auf den Magen schlägt (Aufgeregtheit), Schmetterlinge im Bauch und Magendrücken entstehen. Was sagt euch ein übernervöser Magen, der übersäuert ist? Der Organismus ist aus der Balance geraten, und der Mensch reagiert sauer. Was könnt ihr tun, wenn ihr einen übersäuerten Magen habt? Das Einzige, was bei Magenproblemen wirklich hilft, ihr Lieben, ist die ehrliche Betrachtung eurer Umwelt und eurer Verhaltensweisen – geht dem auf den Grund, was euer drittes Chakra reagieren lässt. Seht euch die Wut an, die in eurem Bauch schwelt, und die Ängste, die den Magen zusammenziehen. Erkennt den Grund eures Stresses. Zieht ihr vielleicht Stress an, um nicht nach innen sehen zu müssen und um unbewusste Ängste überdecken zu können?

In Licht und Liebe,
Metatron

7. KAPITEL

DAS HERZCHAKRA –
HEILUNG DURCH DIE KRAFT DES HERZENS

Ich möchte mit diesem Kapitel auf die Bedeutung des Herzchakras eingehen. Es ist wichtig für euch, aus dem Herzen heraus zu leben, doch das ist nur möglich, wenn das Herz offen und unbelastet ist. Das Herzchakra leuchtet in den Farben Rosa und Grün, beide sind in ihm enthalten. Rosa steht für die bedingungslose Liebe, und Grün für die Heilungsenergie des Herzens.

Was bedeutet es für euch zu leben? Ist euer Leben eine Aneinanderreihung von Situationen, deren Auftreten und deren Auswirkungen euch kaum oder nur schwerlich die Möglichkeiten für Änderungen bieten? Was geschieht, wenn es darum geht, Entscheidungen zu treffen? Wie könnt ihr euch sicher sein, die richtige Entscheidung getroffen zu haben?

Ihr Lieben, Sicherheit alleine bringt euch niemals weiter. Wenn ihr keine Risiken eingehen möchtet, wenn ihr Angst davor habt, etwas Neues auszuprobieren, dann könnt ihr euch zurückziehen und den ganzen Tag im Bett liegen bleiben. Ich weiß, dass sich diese Aussage etwas hart anhört: Wie könnt ihr jedoch sicher sein, dass etwas richtig oder falsch ist, wenn ihr es nicht ausprobiert habt? Jeder Tag steckt voller Entscheidungen, angefangen bei der, was ihr anzieht, bis hin zu der, was ihr essen möchtet. Manchmal geht es um schwerwiegende Entscheidungen, die das ganze Leben verändern können. Habt ihr Angst davor, es auszuprobieren? Angst davor, etwas falsch zu machen? Angst davor, euch oder jemand anderem unbewusst zu schaden?

Falls es die Angst ist, die euch zurückhält, dann bitte ich euch zu erkennen, dass jede Furcht durch reine, bedingungslose Liebe geheilt werden kann. Angst ist in Wahrheit illusorisch und besteht nur in der Dualität. Habt keine Angst vor dem Leben, denn um zu leben, seid ihr auf die Erde gekommen – erkennt, dass ihr selbst euer Leben einrichten könnt. Ihr selbst seid derjenige, der die Stagnation aufheben kann – niemand außer euch hat die Macht dazu. Durch Therapien oder in Gesprächen mit Freunden könnt ihr Hilfe finden, doch ihr selbst müsst diese Hilfe auch annehmen.

Ihr seid nicht schwach, und tief in eurem Inneren wisst ihr genau, was ihr tun möchtet. Zögert nicht voranzugehen, denn jede Erfahrung ist gut, egal ob ihr sie als positiv oder als negativ anseht. Erkennt, dass alle Erfahrungen letztendlich positiv für euer Leben sind, da ihr durch sie lernt und wachst.

Eine ähnliche Situation ist das Verleugnen von Trauer. Auch sie erschafft Stagnation, Trauer hält fest und hindert euch offensichtlich daran zu leben. Doch ich bitte euch zu erkennen, dass jegliche Form von Traurigkeit von euch selbst ausgeht und deshalb auch zu euch gehört. Nein, ihr sollt nicht in der Trauer gefangen bleiben, darum geht es nicht. Aber Leid von sich wegzuschieben, verursacht irgendwann weiteres Leid in Form von körperlicher oder seelischer Krankheit. Eine Folge davon ist häufig, dass Menschen sich in die Arbeit stürzen und dadurch immer mehr Stress anziehen (hier zeigt sich wieder das kosmische Gesetz). Irgendwann schreit die Seele um Hilfe, und ein "Burn-out" wie es eure Wissenschaftler nennen, lässt euch innehalten und gibt euch Gelegenheit, die Ursachen zu ergründen.

Wenn ihr ein Gefühl verspürt, das euch zum Straucheln bringt und euch daran hindert, eigene Entscheidungen zu treffen, so möchte ich folgende Meditation vorschlagen: Begebt euch bitte an einen ruhigen Ort, an dem ihr ungestört seid. Öffnet euch für eure Gefühle, kommt zur Ruhe, schließt die Augen und stellt euch dabei vor, dass eure eigenen Gefühle vor euch stehen. Ihr hattet bislang versucht, sie zu verdrängen, denn es waren keine glücklichen Gefühle. Sie fühlten sich destruktiv an, deshalb habt ihr sie ausgegrenzt.

Liebe Kinder, wisst, dass es eure Gefühle sind, die da vor euch stehen, sie sind ein Teil eures Selbst. Lasst es zu, dass sie mit eurem Energiekörper verschmelzen können, stellt euch vor, wie genau diese Gefühle nun Einzug in euer Herz halten.

Jetzt habt ihr sie integriert, und das ist gut so. Sie gehörten immer schon zu euch. Ich bitte euch daher, gedanklich ins eigene Herz zu sehen. In ihm befindet sich ein Zimmer, in dem alles enthalten ist, was in euch vorgeht. Ihr steht jetzt vor der Kammer des Herzens, die Tür ist noch geschlossen. Auf der Tür steht ein Wort, das eure Gefühle beschreibt. Welche Emotion befindet sich in der Kammer, welches Wort steht vor euch? Ist es die Trauer, ist es Wut, ist es Angst oder Stagnation? Fühlt ihr euch aus irgendeinem Grund schuldig? Egal ob ihr es lesen könnt oder nicht, traut euch, diese Kammer zu betreten, denn es sind eure Empfindungen, die in dieser Kammer auf euch warten. Sie wollen gesehen und wahrgenommen werden. Öffnet die Tür zur Herzkammer und tretet ein. Die Herzkammer ist nicht klein, die Kammer der Gefühle ist unendlich groß, sie hat keine Wände und keine Decke. Doch hinter euch befindet sich immer noch die Tür, durch die ihr diesen Ort jederzeit verlassen könnt, wenn ihr wollt. Tretet ein in das Gefühl, lasst es an euch heran. Vielleicht seht ihr es, vielleicht offenbart es sich euch als Wolke, als Schleier oder als Nebel – doch immer seid ihr in Sicherheit. Lasst diese Energie auf euch wirken, lasst sie zu. Vielleicht werdet ihr traurig, vielleicht werdet ihr wütend oder vielleicht empfindet ihr auch gar nichts – alles ist richtig, und alles ist gut.

Nun könnt ihr voranschreiten, denn hinter diesem Gefühl liegt noch etwas anderes. Geht aus dieser Energie heraus, wenn ihr sie erkannt habt, und in die nächste Energie hinein. Ist es ein weiteres dunkles Gefühl, oder liegt direkt dahinter das göttliche Licht? Manchmal liegen mehrere Gefühlsschichten hintereinander, und wir dürfen sie uns ansehen, beispielsweise liegt die Wut vor der Angst und die Angst vor der Trauer. Egal wie viele Schichten sich zeigen, irgendwann seht ihr das Ende eurer Emotionen, denn plötzlich schimmert ein Licht durch die Dunkelheit.

Wie erscheint es vor euch? Ist seine Farbe Gold, Rosa wie die Herzensliebe oder ganz hell, fast weiß? Es könnte auch sein, dass ihr das Licht nicht seht, aber fühlt. Geht hinein in diese Liebe, lasst es zu, sie ganz tief in euch zu spüren, denn es ist die reine Liebe des Seins, die Liebe des Universums, des Alles-was-Ist. Es ist die Liebe, zu der wir alle Zugang haben. Wir alle haben die Verbindung dazu tief in uns, seit wir existieren. Dies ist die Essenz, die in eurem Herzen herrscht – über alle Emotionen hinweg. Ihr dürft sie wieder erkennen und integrieren. In ihr spürt ihr die Verbundenheit mit allen Wesen, mit allen Pflanzen, mit allen Inkarnationen und mit allem Wissen. Spürt das Glück, das in diesem Wissen liegt, das Glück, selbst das Lenkrad eures Lebensgefährtes in der Hand zu halten. Ihr könnt selbst Gas geben, sobald es euch gut und richtig erscheint. Vielleicht erkennt ihr nun, welche Entscheidung ihr aus dem Herzen heraus treffen wollt. Doch auch falls ihr es noch nicht erkennen könnt, so ist auch das richtig und gut, denn die reine, göttliche Energie in eurem Herzen wird euch den Weg weisen. Sie ist es auch, die nun alle in der Kammer enthaltenen Emotionen komplett in Licht verwandelt.

Diese Meditation wird euch bei psychischen wie auch bei physischen Krankheiten helfen können, sie ist ein Weg von vielen möglichen Wegen, die ihr wählen könnt. Ja, ich gehe sogar so weit zu behaupten, dass jede körperliche Krankheit durch seelische Disharmonie entsteht. Jeder Unfall weist euch auf etwas hin, denn die Macht der Anziehung auf eurem Planeten macht dies möglich. Eure positiven Gedanken ziehen andere positive Gedanken nach sich, und eure Krankheiten ziehen andere Krankheiten an. Doch ebenso wird es sein, wenn ihr euch der Liebe widmet und der Gesundheit. Wenn ihr wüsstet, wie leicht es sein kann, durch bewusstes Erkennen Krankheiten zu heilen. Sehr häufig können dadurch sogar Spontanheilungen erfolgen ... Ihr würdet über eure Arztbesuche schmunzeln. Dies soll nicht als Kritik an euch verstanden werden, sondern als gut gemeinter Ratschlag.

Ich möchte euch hiermit auf keinen Fall nahelegen, dass ihr nicht mehr zum Arzt gehen sollt, nichts läge mir ferner. Doch ich versuche aufzuzeigen, wie einfach es sein kann, Krankheiten durch pures Erkennen der Ursachen aufzulösen. Es ist dasselbe Prinzip wie in der Homöopathie (für die Menschen gedacht, die Interesse an der alternativen Medizin zeigen): Heilung geschieht immer von innen nach außen, niemals jedoch von außen nach innen. Ihr könnt die Ursache einer Erkrankung erkennen und dann auflösen. Manches kann durch diese Methode sehr schnell, anderes nach und nach zur Heilung gelangen, indem seine Ursache Schicht für Schicht im emotionalen System aufgedeckt, erkannt und dadurch aufgelöst wird.

Doch nun zu den positiven Auswirkungen von Krankheiten im feinstofflichen Körper: Die angenommene Krankheit schwächt eure Aura zum Zeitpunkt der Krankheit, doch nach der Gesundung wird euer feinstofflicher Körper reiner als zuvor sein. Wie komme ich zu dieser Behauptung? Jede

Krankheit weist auf ein Thema hin, das zu bearbeiten ihr im feinstofflichen Körper bisher noch nicht imstande wart, denn hättet ihr das Thema bereits zuvor erkannt, würde sich die Krankheit im grobstofflichen Körper gar nicht zeigen. Es war euch zum Zeitpunkt der Entstehung der Krankheit nicht möglich, die Ursache zu erkennen, und leider setzte sich dann das Thema in eurer körperlichen Hülle fest. Ihr bekamt vielleicht Schmerzen oder euch war unwohl ... Kurzum, ihr wurdet krank.

Ich möchte gerne ein Beispiel geben und der Einfachheit halber von einer Erkältung sprechen. Was zeigt diese Erkältung an? Welches Thema existierte vor oder während der Erkältung? Gab es viel Stress, wurde euch vielleicht alles zu viel? Kam Traurigkeit hoch, und ihr habt sie unbewusst verdrängt? Hattet ihr das Gefühl, an gewissen Situationen oder Umständen nichts verändern zu können? Darüber hinaus könnt ihr euch im akuten Krankheitsfall fragen, wie genau die Erkältung auf euer körperliches System wirkt. Fängt sie mit Halsschmerzen und Husten an und dann folgt der Schnupfen, oder umgekehrt? Vielleicht bleibt auch ein Aspekt, vielleicht der Husten, aus? Die Reihenfolge lässt auf die Abarbeitung eurer inneren Blockaden schließen. Diese erfahrt ihr im Zustand sowie in der Schwere des Krankheitsbildes, welches sodann die seelische Ursache aufzeigen kann. Um es ganz kurz anzusprechen, der Hals steht für Kommunikation oder für die sprichwörtliche Wut, die im Halse steckt. Habt ihr vielleicht etwas ausgesprochen, das euch nun leid tut? Oder würdet ihr gerne etwas ansprechen? Husten - auch Auswurf genannt - dreht sich darum, dass man gerne etwas sagen möchte, es aber nicht kann; die Lunge ist betroffen. Angst oder Wut sorgen dafür, dass ihr weniger Lungenkapazität zur Verfügung habt. Der Schleim, der abgehustet wird, steht sinnbildlich für die seelischen Disharmonien im Umgang mit anderen oder euch

selbst. Habt ihr Schnupfen? Dann fragt euch, ob ihr die Nase
voll habt von bestimmten Situationen ...

Ich möchte nochmals wiederholen, wie wichtig es für euch
ist zu wissen, dass ihr immer die Möglichkeit habt, uns um
Hilfe und die Offenbarung des Themas zu bitten. Wir werden
euch helfen, sofern ihr das nicht schon selbst getan habt.
Doch das Wichtigste dabei ist, dass ihr diese Situationen oder
Gefühle, die euch gezeigt werden, dann auch anseht, denn das
Nichthinsehen ist der Hauptgrund, weshalb die völlige Gesundung eures Körpers bislang immer wieder scheiterte. Dies ist
kein Vorwurf, es ist in Ordnung, wenn ihr Zeit benötigt, um
eure Themen zu lösen, denn nicht immer seid ihr so weit zuzulassen, dass diese Themen offenbart und aufgelöst werden
können. Sehr häufig liegen die Ursachen einer Erkrankung in
der Kindheit begründet, und es kommt sogar vor, dass in früheren Inkarnationen der Grundstein für die Ursache eurer Er-
krankungen gelegt wurde. Achtet auf die Träume, die wir euch
senden, und auf eure Eingebungen.

Ihr Lieben, erkennt: Es liegt immer – und ich betone dabei
das Wort IMMER – an euch selbst, die Themen anzugehen
und aufzulösen. Ihr selbst seid diejenigen, die sich dafür entscheiden, auf die eine oder die andere Weise zu agieren. Wenn
ihr jedoch Thema für Thema angeht und auflöst, dann ent-
blättert sich das davon betroffene Chakra wie von Zauber-
hand, wie eine Zwiebel kann man es freischälen. Man entfernt
die Schale der Zwiebel, und schließlich tränen die brennenden
Augen, wenn man die Zwiebel mit dem Messer zerteilt. Ver-
speist diese Zwiebel, denn sie wird euch guttun, sie ist sehr
gesund. Oder anders ausgedrückt: Nehmt ihr eure Emotionen
an und heilt sie, so werdet ihr gesund sein. Erkennt, dass nur
ein freigelegtes Chakra gut arbeiten kann und dass Heilung
in euch seit jeher angelegt ist. Krankheiten können nur entstehen, wenn die Liebe aufgrund negativer seelischer Zustände

fernbleiben muss und Heilung dadurch nicht zugelassen werden kann.

Dies ist ein Aufruf – kein Befehl. Das liegt mir mehr als fern, denn ich werde euch niemals sagen, was ihr tun sollt. Es ist eure freie Entscheidung, meinen Worten zu lauschen und sie in eure Gegenwart zu holen.

Doch nun möchte ich noch über einen anderen Punkt sprechen: übernommene Krankheiten seelischer oder körperlicher Art. Wie kann es möglich sein, dass ihr euch, sobald ihr mit bestimmten Menschen zusammen seid, plötzlich so gar nicht mehr wohlfühlt? Oft liegt es einfach an der Energie des Menschen, und eure eigene Energie ist in diesem Moment schlicht nicht stabil genug, dieser niedrigeren Energie standzuhalten. Die Person entzieht – und dies ist ein völlig unbewusster Vorgang – euch eure Energie. Hellsichtige Menschen können das beobachten, und viele Menschen bemerken es einfach. Dies ist ein völlig normaler Vorgang, denn: Alles ist eins, und jeder ist mit jedem verbunden.

Ihr habt mehrere Möglichkeiten, euch vor diesem ungeplanten Energieabzug zu schützen. Wie das geht? Beispielsweise mit einem blauen Schutzmantel um euch herum, den ihr euch vorstellen könnt und den ihr gedanklich immer wieder aufrechterhaltet. Doch dieser Schutz besteht meist nicht auf Dauer, man muss ihn immer wieder erneuern. Die andere Möglichkeit wäre, euren Schutzengel, Erzengel Michael oder ein Geistwesen eurer Wahl um Schutz zu bitten. Ihr könnt auch einen Schutzstein tragen, beispielsweise einen Türkis oder einen Turmalin. Doch welche Energie sendet ihr mit diesen Maßnahmen aus? Nach dem Gesetz der Anziehung werdet ihr immer wieder Situationen anziehen, in denen ihr euch scheinbar vor der Energie anderer Menschen schützen müsst. Doch ist es denn überhaupt möglich, sich zu "schützen"? – Wir sollten diese Frage anders stellen: Ist es überhaupt **nötig**, sich zu schützen? Welche Möglichkeiten habt ihr noch? Nun, es gibt ein einfaches kleines Wort, es schützt euch mehr als alles andere, das ihr kennt, denn es die Uressenz schlechthin: LIEBE. Stellt euch vor, wie die Liebe euch umgibt, und stellt euch vor, dass auch noch genügend (denn Liebe steht immer unbegrenzt zur Verfügung) davon für euren Nächsten da ist, falls er diese Liebesenergie annehmen kann und möchte – denn auch er hat seinen freien Willen. Und ihr werdet sehen und spüren, dass ihr keinerlei Probleme mehr damit haben werdet, euer Licht zu halten, indem ihr Liebe ausstrahlt. Und: Gute Laune macht es außerdem.

Dasselbe gilt übrigens auch für plötzlich auftretende Krankheiten, die sensitive Personen oftmals unbewusst in der Nähe kranker Personen annehmen, beispielsweise Herzschmerzen, Bauchschmerzen, Rückenschmerzen oder andere Schmerzen. Es kann vorkommen, dass ein Mensch, der vormals überhaupt keine Magenschmerzen hatte, plötzlich Bauchweh bekommt in Gegenwart eines Kranken mit demselben Symptom. Auch dies geschieht häufig und ist völlig normal.

Ich muss es einfach immer wieder erwähnen: Liebe heilt alles, und dabei ist es egal, worum es geht. Liebe schützt, und seid ihr in der Liebesenergie, benötigt ihr keinen zusätzlichen Schutz mehr. Wer in der göttlichen Liebe ruht, ruht in sich selbst.

Was macht ein Geistheiler? Er arbeitet genau so, wie ich es soeben angesprochen habe. Er projiziert göttliche Energie in die Auren anderer Menschen, im Auftrag des jeweiligen Patienten. Allein indem er sich bewusst macht, wie er mit dem Verbinden an das Alleins und dem Weitergeben dieser göttlichen Energien an den Patienten helfen kann, allein dadurch genießt er selbst die vollkommenste göttliche Liebe. Er kompensiert seine Energieübertragung, indem er die göttliche Liebe in seinem Herzen leuchten lässt. Es ist sehr einfach –

und doch so schwer für euch, es komplett und für immer zu integrieren.

Bereits die Menschen im alten Lemurien hatten eine besondere Methode, sich gegenseitig bei seelischen Problemen zu stabilisieren, indem sie sich auf die niedrigere Energie des anderen einfühlten und diese dann systematisch durch ihr Bewusstsein auf die höchstmögliche Ebene anhoben.

Ihr Lieben, ihr müsst keine Geistheiler und keine Lemurianer sein, um diese Energien empfangen und weitergeben zu können. Sie stehen euch immer und überall zur Verfügung, und ihr könnt sie in jeder Lebenslage anwenden. Doch gerade im therapeutischen und im zwischenmenschlichen Bereich ist es wichtig, über den Einsatz dieser Energien Bescheid zu wissen. Es geht nicht um Schutz durch Abgrenzung, denn ich sagte euch bereits, dass der größte Schutz die Liebe, das göttliche Licht ist. Sobald ihr müde werdet, solltet ihr euch dieser Tatsache bewusst werden und das Feuer in eurem Herzen schüren.

Wir würden euch gerne helfen, die Emotionen zu erkennen, dich euch bisher blockierten, und euer Herz öffnen. Doch etwas benötigen wir von euch dafür, ihr lieben Wesen: eure Erlaubnis. Bittet uns um Hilfe bei der Herzöffnung, wenn etwas vorgefallen ist, das es verschlossen hat. Erkennt, dass ihr müde werdet, sobald euer Herz keine positiven Energien mehr aufnimmt oder abgeben kann. Heilt euer Herz, oder wendet euch an uns, damit wir bei der Heilung behilflich sein können.

Ich werde euch nun eine Möglichkeit aufzeigen, wie ihr die momentane Energie eures Herzens erkennen und steigern könnt: Stellt euch euer Herz vor und versucht, dessen Energie zu erkennen. Welche Farbe besitzt diese Energie? Ist sie vielleicht dunkel, ist sie gräulich, besitzt sie ein unklares Rot oder hat sie eine völlig andere Farbe? Strahlt aus eurem Herzen eine reine rosa oder grüne Farbe, oder wirkt es unklar und verworren? Was seht ihr in eurem Herzen? Seht genau hin. Ist es vielleicht von einer Mauer umgeben, hat es einen Riss oder ist ein Loch darin zu sehen? Vielleicht geht es ihm auch gut, und all das, was euer Herz umgibt, ist reines Licht? Erkennt, dass ihr alles, was ihr dort seht, bearbeiten könnt – ihr alleine habt die Macht. Reißt die Mauer nieder, löst sie mit Liebe auf und lasst das Licht wieder in euer Herz. Verschließt das Loch in eurem Herzen, pflegt die Narben, die in ihm sind, mit Liebe und macht sie wieder geschmeidig. Entzieht dem Herzen die negativen Farben sowie die dunklen oder verworrenen, vermischten Energien, und lasst das Licht der reinen Liebesenergie hinzukommen. Lasst Rosa – bedingungslose Liebe – in euer Herz strömen und Grün für die Heilungsenergie. Dazu vielleicht das weißgoldene Licht der göttlichen Instanz. Probiert vieles aus, spielt mit dem, was euch guttut, erweckt euer müdes Herz wieder zum Leben.

Stellt euch dann eine kleine Flamme in eurem Herzen vor, eine Flamme aus weißem und goldenem Licht. Diese Flamme ist eure eigene Herzensflamme, sie brennt immer, sie kann gar nicht erlöschen, denn sie ist das göttliche Licht, das in JEDEM Menschen brennt. Niemand kann sie löschen, das ist nicht möglich, ihr Lieben, aber ihr könnt das Licht hinter Mauern verblassen lassen. Diese Flamme ist eure eigene Verbindung zur göttlichen Liebesmatrix um euch herum, lasst sie lodern, lasst sie brennen und größer werden. In ihr ist nur liebendes Licht vorhanden, das all eure Zellen nun positiv beleben wird. Sie kann so groß werden, dass sie alles, einfach alles überstrahlt. Lasst sie größer werden als euren physischen Körper, lasst sie euch überstrahlen, eure Umwelt erhellen – lasst eure Flamme leuchten – lasst euer Licht und eure Liebe fließen!

Denn ihr seid in allem, und alles ist in euch.

Das Alleins ist in eurem Herzen, und euer Herz ist das Alleins.

Fazit: Das Herzchakra ist ein empfindliches Organ, solange es nicht in der göttlichen Liebe ist. Es ist nicht immer einfach für euch, es rein zu halten, doch irgendwann wird es zur Realität. Versucht immer wieder darauf zu achten, es zu stärken sowie Licht und Liebe anzunehmen und weiterzugeben. Doch etwas gibt es noch zu sagen, das Wichtigste überhaupt: Ein gesundes Herzchakra vermag alle anderen Chakren zu stützen, zu reinigen und zu verbinden.

Ich weiß, dass es so manches Mal schwierig für euch sein kann, euer Herz immer zu beobachten, aber bedenkt dabei, dass jeder noch so kleine Schritt ein Anfang ist. Niemand erwartet Wunder von euch, und ihr selbst solltet das ebenso wenig tun. Denn der Sinn eurer Inkarnation ist das Erkennen und Anwenden der göttlichen Liebesenergie.

Versucht nicht, andere Menschen für negative Dinge verantwortlich zu machen, die sie euch spiegeln, da euer eigenes Inneres noch nicht geheilt ist. Bei allen Einwirkungen von außen habt ihr die Möglichkeit, durch innere Gelassenheit ausgleichend zu reagieren. Was können andere Menschen dafür, wenn ihr diese bisher noch nicht erreichen konntet? Erkennt, dass diese Leute euch dabei helfen, in die Selbstbejahung zu kommen – denn sie spiegeln euch die Themen, die eure Energie noch aufwirbeln. Erkennt deshalb die Wahrheit: Es ist wichtig, seine Feinde zu lieben, denn der größte Feind ist in Wahrheit der liebste Freund.

Vergebt euch für eure bisherigen Schwierigkeiten, die ihr nun transformieren könnt, und vergebt auch den Menschen um euch, die euer Herz vermeintlich verletzt haben. Sie helfen euch in der Entwicklung – sie behindern euch nicht!

Öffnet euer Herz für die Menschen und Begebenheiten um euch herum – und vor allem: Öffnet es euch selbst gegenüber. Das Herz ist ein starker Magnet, der automatisch alles anzieht, was ihr aussendet. Sendet Liebe aus, und ihr werdet genügend

Liebe zur Verfügung gestellt bekommen – die Liebe des Universums und die Liebe aus eurem Umfeld. Öffnet ihr euer Herz für andere Menschen, so werden sich die Herzen der Mitspieler in eurem Leben ebenfalls öffnen.

In Licht und Liebe,
Metatron

8. KAPITEL

DAS HALSCHAKRA –
GESPROCHENE WORTE WIRKEN

Warum glaubt ihr, dass eure Probleme nur euch selbst etwas angehen? Erkennt, dass alles miteinander verbunden ist, es ist nicht getrennt. Und warum wollt ihr trennen, was zusammengehört, vielleicht immer schon zusammengehört hat? Ihr Lieben, es ist an der Zeit zu erkennen, dass niemand sich vom anderen trennen kann, und dabei ist es egal, ob es sich um einen Freund oder um einen angeblichen Feind handelt. Versucht, eure eigenen Probleme zu regeln, aber versucht niemals, die Probleme eines anderen als eure zu sehen. – Ich spüre Maishas unausgesprochene Frage: "Weshalb heißt es einerseits, dass Probleme anderer unser aller Probleme sind, und weshalb heißt es andererseits, dass wir niemals deren Probleme bearbeiten sollten?"

Es ist ein Unterschied, ob eure Seele etwas aus bestimmten Begebenheiten lernen möchte oder nicht – habt ihr Sorgen, die mehrere Menschen um euch herum betreffen, so versucht nicht, diese hinter deren Rücken zu erledigen, sondern lasst sie möglichst an diesem Ereignis teilhaben. Es ist auch möglich, bei den Seelen dieser Personen energetisch anzufragen, ob Heilung erlaubt ist – ein Tipp für diejenigen unter euch, die hellsichtig erwacht sind. Ich möchte damit weitergeben, dass ihr hier inkarniert seid, um das Spiel des Lebens gemeinsam zu spielen. Es ist ein lehrreiches, ein hilfreiches Spiel, und ihr werdet bald erkennen, aus welchem Grund dieses Spiel veranstaltet wird.

Lasst mich ein Beispiel nennen ... Ein Schwan trifft im Flug auf eine Ente. Er fragt sie, weshalb sie nicht so wunderbar weiß, langhalsig und großartig aussieht wie er selbst. Weshalb sie so schnell mit den Flügeln flattert, anstatt wie er selbst königlich durch die Luft zu schweben. Die Ente erklärt ihm, dass sie ein Problem damit habe, dass sie niemals genauso segeln können wird wie er, weil ihre Flügel einfach zu klein dazu sind. Wie, ihr Lieben, sollte der Schwan der Ente helfen können? Er kann ihre Flügel nicht verlängern!

Aber er kann ihr sagen, was er an ihrer Flugtaktik liebt. Er kann sie darin bestärken, dass ihr Flugstil gut und einzigartig ist, denn das ist er. Die Ente ist schön und wunderbar – und auf eine völlig andere Weise als der Schwan ist sie ein stolzes Tier. Sie braucht sich niemals vor dem Schwan zu verstecken. Sie ist eine Ente, wie sie leibt und lebt, und ebenso schön wie der Schwan.

Wenn Ente und Schwan zusammenhalten, wenn sie sich nicht ignorieren oder gegenseitig in der Luft bekriegen wegen ihrer Andersartigkeit, dann könnte eine Vertrautheit und Liebe erwachsen zwischen einander sonst fremden Lebewesen. Und ein jedes wäre glücklich, wenn es wieder bei den seinen ist, und würde erzählen, was es soeben erlebt hat. Die Herzen würden sich öffnen, und Schwäne würden Enten und Enten würden Schwäne suchen und akzeptieren. Trotzdem wäre der Schwan immer noch ein Schwan und die Ente eine Ente – doch in der bedingungslosen Liebe ist alles gleich.

Was soll euch diese Parabel sagen? Es geht darum, euch gegenseitig zu akzeptieren, egal wie ihr euch verhaltet oder wie ihr ausseht. Es geht niemals um die körperliche Erscheinung, sondern um die geistige Tiefe. Erkennt, dass der Geist alles ist, und der Körper ist der Aufenthaltsort der Seele. Der Schwan kann die Probleme der Ente nicht heilen, denn er kann sie nicht verändern; die Ente würde niemals zum Schwan werden. Aber er kann sie für ihre eigenen Stärken bewundern.

Ein Arzt ist nicht weiterentwickelt als der Bauarbeiter, denn ohne den Bauarbeiter kann der Arzt sein Haus gar nicht erst bauen. Der Architekt plant das Haus, damit es einen sicheren Stand erhält. Ohne die Bank, die durch einen Kredit den Hausbau erst ermöglicht, könnte die Zahlung gar nicht vorgenommen werden – und das Projekt Hausbau würde platzen. Jeder beherrscht eine oder mehrere Fähigkeiten besonders gut, und zusammen ergänzen alle Teilnehmer den Plan.

Damit möchte ich auf die Energien des Halschakras überleiten. Wie ihr euch selbst entgegentretet, dementsprechend ist eure Energie gelagert. Ein Haus, welches mit Liebe und gegenseitiger Akzeptanz gebaut wird, wird völlig anders und ohne größere Probleme gebaut werden können. Erkundigt euch, wie viele Probleme es meist gerade beim Hausbau gibt. Da wird geschimpft über die Bank, die mit angeblichen Wucherzinsen nur abkassieren will. Die Bauarbeiter machen ihre Arbeit nicht gewissenhaft genug, da der Chef sie ständig antreibt und sie völlig lustlos dahinwerkeln. Der Architekt hat sich in der Planung vertan, weshalb die Baustelle nicht fristgerecht abgeschlossen werden kann. Und alle beschimpfen sich und das Projekt, für das sie zusammen einstehen.

Doch nun möchte ich anhand dieses Beispiels das Halschakra erläutern. Es geht darum, euer Halschakra frei zu machen für fließende Energien. Doch wenn ich die Halschakren vieler Menschen vor mir sehe, so sind sie nicht aus einem reinen hellen Blau, sondern schmutzig ockerfarben, ein verschmiertes Graublau, oder unreine Energien aus dem Solarplexus sprechen durch den Hals. Was soll ich sagen, ihr Lieben – euer Chakra reagiert eben genau auf das, was ihr aussprecht. Oder auf das, was ihr nicht aussprecht. Es ist häufig verkümmert, manchmal bildet sich ein Kropf aus den Worten, die ihr nicht zu sagen vermochtet. Sie möchten herausströmen, doch ihr haltet sie zurück.

Ich bitte euch jedoch – bevor ihr sprecht – zu erkennen, was Worte anrichten können ... Sie können anderen Menschen wehtun, wenn sie nicht sorgsam gewählt werden. Sie können verletzen und Wunden zufügen, die vielleicht nicht wieder so leicht geschlossen werden können, solange der andere, den diese Worte betrafen, dies nicht zulassen kann. Doch verschluckt keine Gefühle und damit Worte, sondern erkennt eure Gefühle und nehmt sie an.

Ist euer Hals steif, weil ihr Angst davor habt, euch umzusehen? Weil ihr Angst davor habt, die Energien zu bemerken, die ihr als Schuld auf eurem Nacken sitzend zu erkennen meint? Eine Schuld, die es nicht gibt, die ihr euch jedoch trotzdem übergestülpt habt? Bitte glaubt mir, ich sowie die Engel und die euch liebenden Geistwesen sind deshalb hier, um euch erkennen zu lassen, dass ihr selbst euch Schuld auferlegt. Ihr selbst habt aber auch die Macht, euch zu erlösen – und niemand sonst, denn auch wir können nicht helfen, wenn ihr unsere helfenden Energien nicht annehmt. Ihr könnt nach Hilfe fragen auf eurem Weg, aber der Wille zu heilen, der liegt in euch selbst. Ich kann es nicht oft genug erörtern, dass wir keinerlei Einflussmöglichkeit auf euch haben, wenn ihr euch vor unserer Hilfe verschließt und nicht um Rat bittet, wenn ihr selbst nicht weiterwisst. Öffnet euer Halschakra, lasst alle negativen Energien abfließen und sprecht in Liebe aus, was euch so schwer erscheint. Ihr werdet erkennen, dass es niemals wirklich schwer war, und ihr werdet euch befreit fühlen.

Was meint ihr, wie der Bau des Hauses im obigen Beispiel ablaufen wird? Ein Haus, das nicht in Liebe erbaut wird ... Welche Folgen werden die Worte haben, die der Chef seinen

Bauarbeitern zuwirft und mit denen er ihnen mit Gehaltsentzug droht, wenn sie die Arbeit nicht in der vorgegebenen Zeit abliefern? Was meint ihr? Das Schimpfen auf die Zinsen der Bank betrifft das Geld, mit dem das Haus bezahlt werden soll ... Welche Energie hält bereits zu Beginn der Bauphase in diesem Projekt Einzug!

Ihr Lieben, alles, was ihr erzählt, alles, was ihr laut aussprecht, und sogar alles, was ihr denkt, findet sich energetisch in eurem Halschakra wieder. Jedes Wort, positiv oder negativ geladen, ist reine Energie. Ich möchte euch keine Angst machen, doch bedenkt, dass positiv sowie negativ ausgesprochene Worte einen Weg zu euch zurückfinden.

Achtet auf eure Energie, sobald ihr Halsprobleme bekommt. Gibt es eine Wut, die ihr in euch tragt und mittels Worten nach außen fließen lasst, da ihr die Ursache eurer Gefühle in euch nicht ergründen konntet? Seht nach innen, verbindet das Halschakra mit dem Herzen und sprecht in Liebe – und euer Hals wird entspannt sein. Das Leben ist ein Spiel, ein großes Schauspiel – und ihr seid die Hauptdarsteller und gleichzeitig die Filmemacher. Ihr allein entscheidet, ob ein Krimi, eine Komödie oder ein Melodram daraus wird.

Das Halschakra fungiert unter anderem als Brücke zwischen dem Herzchakra, dem Thymuschakra und dem Dritten Auge. Das Halschakra spricht dabei aus, was ihm der Körper und die Empfindungen vorgeben. Bleibt euch selbst immer treu, egal was geschieht. Gelebte Kommunikation ist es, wenn ihr zu eurer Wahrheit steht – selbst wenn ihr später wieder anders darüber entscheiden solltet. Doch verleugnet eure Gedanken nicht, und sprecht sie in Liebe aus, niemals in Hass.

Das Thymuschakra nimmt die Informationen – und zwar alle Informationen – aus der näheren Umgebung auf und verwertet sie, danach gibt es die Inhalte an die betreffenden anderen Chakren weiter. Viele Menschen denken, dass dieses relativ kleine Chakra, das in der Kerbe des Brustbeines liegt, unwichtig sei. Der Körper besteht aus Tausenden von Chakren in minimaler Größe, die ihr bislang größtenteils noch nicht wahrgenommen habt. Viele davon liegen übereinander in euren feinstofflichen Körpern. Das Thymuschakra – es hat eine rötlich-violette Farbe – sollte niemals verstopft sein. Macht nicht den Fehler und tragt silberne Anhänger darüber, denn sie verfälschen die Informationsaufnahme.

Um diese Chakren – Herz-, Hals- und Thymuschakra – geht es vorwiegend in diesem Kapitel. Ich werde euch deren Bedeutung anhand eines Beispiels erklären.

Nehmen wir einmal an, ihr hattet Probleme auf der Arbeit, in der Familie oder mit Freunden. Ihr könnt böse Worte vielleicht herunterschlucken, die euch auf der Zunge liegen. Nichtsdestotrotz wird es eure Abwehr schwächen (das Thymuschakra blockiert), wenn ihr nicht zu dem steht, was ihr sagt. Wenn ihr eure Launen, Stimmungen oder auch eure Liebe, die ihr tief in euch fühlt, herunterschluckt. Wenn ihr euch selbst und auch andere verleugnet, so verstopft euer Thymuschakra, es kann Informationen weder aufnehmen noch abgeben, auch nicht die Information des Friedens und des Verständnisses. Ihr bemerkt gar nicht, dass ihr euch gar nicht hättet aufregen müssen, denn es ist genügend Liebe und Verständnis um euch herum. Doch euer Thymuschakra ist verstopft, weil das Halschakra die Probleme nicht aussprechen konnte. Aus diesem Grund ist es wichtig, die Ursache der Wut oder der Angst zu erkennen, denn damit wird die Chakrenenergie gereinigt.

Ich möchte euch hiermit dazu anleiten, zu eurer Wahrheit zu stehen. Das heißt nicht, dass ihr andere Menschen durch böse Worte verletzen solltet, vielmehr möchte ich euch bitten, euer Herzchakra einzusetzen, um die vielleicht im ersten Moment negativen gesprochenen oder gedachten Worte durch positive Gefühle umzuwandeln. Ihr Lieben, beobachtet euch, probiert es aus. Schluckt eure Wahrheiten, schluckt eure Worte, schluckt eure Stimmungen und eure Liebe nicht mehr und erkennt, was euch dieses Kapitel sagen will.

Doch was könnt ihr tun, wenn euer Herz euch anleitet, Gefühle in Worte zu verpacken, wenn ihr wisst, dass ihr im Unrecht wart? Wenn ihr denkt, dass eure Worte vielleicht nicht gut ankommen werden, selbst wenn sie in Liebe gewählt sind? Steht zu euch. Was kann euch wirklich passieren, wenn der Sinn eurer Worte nicht erkannt wird? Euch wird nichts geschehen, jedoch kann das Herz heilen. Erkennt euch selbst als den Menschen, dem Verständnis und Liebe gebühren, und gebt euch beides selbst. Bittet uns darum, euch dabei zu helfen, und ihr werdet wachsen in der Liebe des Alles-was-Ist. Ihr werdet wachsen in eurem eigenen Empfangen. Doch achtet darauf, ob der andere empfänglich für eure Wahrheiten ist. Nicht jeder kann sich eigenes Fehlverhalten eingestehen – deshalb verzeiht und erlöst durch die Liebe, bevor ihr sprecht. Erkennt in den Menschen, die eure Worte dennoch nicht annehmen können, eure Lehrer. Verzeiht auf Herzebene und geht weiter in Liebe.

Viele Missverständnisse können die Funktion eurer Chakren beeinträchtigen. Deckt diese Missverständnisse auf, und erkennt, dass jedes Problem aus einem Mangel entstehen musste. Aus einem Mangel an Selbstliebe hattet ihr euch nicht zu eurer Wahrheit bekannt, ihr habt versucht, mit euren Worten andere Menschen zu beeinflussen. Geschriebene Worte wirken im Übrigen wie gesprochene Worte, ihr Lieben, sie sind Energie. Alles, was ihr jemals aufgeschrieben habt, wirkte in einer anderen Relation, in einer anderen Wirklichkeit weiter. Manifestierte es sich in eurer Wirklichkeit, so war es euer Plan, dies zu erleben.

Verurteilt nicht euer Selbst für das, was war, was ist oder was irgendwann einmal geschehen wird. Lernt, aus der Karmaschiene auszubrechen – benutzt hierfür unter anderem Herz-, Hals- und Thymuschakra.

In Licht und Liebe,
Metatron

9. KAPITEL

DAS DRITTE AUGE UND
DAS ERKENNEN EURES WEGES

Liebe Kinder, wie stellt ihr euch euer Leben vor? Was wünscht ihr, in eurem Dasein zu erleben, zu durchleben oder zu manifestieren? Heute geht es um den Lebensweg, um euren Lebensweg, den ihr selbst für euch festgelegt habt. Es ist so, dass bestimmte Stationen eures Lebens vor eurer Inkarnation vereinbart wurden. Wenn ihr diese Stationen erreicht und euch dagegen sperrt, dann malträtiert ihr eure Seele, sie wird sich zur Wehr setzen müssen. Das erkennt ihr daran, dass ihr aus bestimmten Situationen ausbrecht ... Hört nicht auf eure Ängste, die euch ebenfalls zu beeinflussen versuchen. Lernt, Gefühle und Ängste zu unterscheiden, doch seht euch diese Emotionen genau an, und wandelt sie damit um. Es ist nicht unbedingt nötig, eine Situation zu verlassen, sondern das Wichtigste ist, sie loszulassen, aus ihr herauszugehen. Und das ist ein gewaltiger Unterschied. Etwas zu verlassen, hat mit Flucht zu tun. Wenn man etwas loslässt, geschieht dies in Liebe und Verständnis. Ihr habt die Möglichkeit loszulassen – und trotzdem in der Liebe zu bleiben.

Wie könnt ihr das tun? Stellt euch euer Thema, eure Angst oder die Unstimmigkeit mit eurer Seele als ovale Form vor – gerne könnt ihr auch einen energetischen Kreis bilden oder die Energie in ein Vier- oder Vieleck setzen, eurer Schöpferkraft werden hierbei keine Grenzen gesetzt. Die Energie wirkt grau, dunkel, vielleicht schwarz. Wut beispielsweise zeigt sich als rote bis bordeauxrote Energieform. Dieser euch belastenden Energie schenkt ihr in eurer Vorstellung (man könnte auch einfach "Realität" sagen) nun weißgoldenes Licht, mit dem ihr – langsam aber sicher und je nach Schwere des Problems – diese dunkle Energie überstrahlt. Seht, wie das Licht die Negativität zum Pulsieren, zum Flimmern bringt ... bis die dunkle Energie nicht mehr besteht. Das Licht löst die Energie komplett auf, nachdem es kurz zuvor nochmals hell aufleuchtete. Das Thema, das euch belastet hat, wurde von euch selbst und durch die göttliche Liebe umgewandelt und in Licht transformiert. Nun strahlt es so hell, dass es für euch nicht mehr sichtbar ist.

Es ist möglich, dass die transformierte Energie nochmals kurz in eurem Leben erscheint, um dann – meist vollständig – erlöst zu sein. Es ist jedoch ebenfalls möglich (je nach Schwere der Ursache), dass ihr damit das Problem einfach und schnell aus der Welt geschafft habt. Dies hängt mit der Dichte eures Energiekörpers und mit dem jeweiligen Grad der Verstrickungen zusammen. Freut euch, und geht euren Weg in Liebe weiter.

Erkennt in eurer Freude, dass ihr die Möglichkeit habt, alle euch belastenden Themen in und um euch herum auf diese Art zu erlösen. Der Schlüssel hierzu ist und bleibt die bedingungslose Liebe. Lasst all die Erwartungen, wie andere zu sein haben oder wie ihr selbst zu sein habt, los und schaltet euren Verstand für eine Weile aus. Betrachtet das gesamte System vom Herzen aus. Erkennt, dass ihr diese Möglichkeiten in euch nutzen dürft – und, das solltet ihr nicht vergessen, ihr lest diese Zeilen, da ihr sie auch nutzen wolltet. Ihr Lieben, weil ihr Hilfe ersehnt habt, habt ihr sie durch dieses Buch erhalten und Kontakt zu mir aufgenommen. Denn niemals geschieht etwas zufällig, immer habt ihr den Grundstein zur inneren Heilung selbst gelegt. Es war euer Ziel, dies jetzt, in diesem Moment wieder zu erkennen.

Es geht nicht nur um Heilung, nein, es geht um sehr viel mehr. Es geht um das Wachstum eurer Seele durch die Anwendung der kosmischen Gesetze – die Gesetze, die ihr seit Anbeginn eures Seins in euch tragt. Die Gesetze, die immer wirken, auch wenn ihr sie für den kurzen Augenblick eures jetzigen Lebens vergessen habt. Ihr hattet sie auch vergessen für die kurzen Momente eurer Vorleben – bis zum Augenblick unseres Zusammentreffens hattet ihr die Wahrheit ausgeblendet. Ich erwarte nichts von euch, ihr selbst kennt den Weg und wisst, wie ihr darauf reagieren werdet. Jetzt habt ihr die Möglichkeit, besitzt wieder das Know-how, das Wissen um die wahre Alchemie. Also: Besiegt eure Angst durch die Anwendung der Liebe, nehmt die Angst an, erkennt sie als einen Teil von euch und achtet sie in Liebe – und die Angst wird sich wieder in die Liebe verwandeln.

Vielleicht werden diese Sätze schwer an euch nagen, im ersten Moment werdet ihr vielleicht auch entsetzt sein. "Wie kann ein Engel nur annehmen, dass mir das alles leichtfallen wird?" Fühlt euch geliebt, ich weiß, dass es euch in manchen Situationen ganz und gar nicht leichtfällt, doch darum geht es nicht. Dies sind nur die inneren Blockaden des Egos, das versucht, euch davon abzuhalten, neue Gedankenmuster zu nähren. Doch Schritt für Schritt werdet ihr Erkenntnis erlangen, und der Mut zur Veränderung wird folgen. Ihr alleine habt die Macht – die Macht über euer Leben und die Macht, es selbst zu bestimmen.

Im Sommer werden die Tage länger, im Winter werden sie kürzer. Ebenso steht es mit euren Gefühlen. In der sonnigen Zeit eures Lebens haben die Gefühle Hochkonjunktur, doch in der dunklen Zeit kommt die Angst vor Kontrollverlust hoch und die Angst davor, das Licht in euch nicht mehr erkennen zu können. Warum lasst ihr ein Absinken eurer Gefühle zu? Weshalb haltet ihr nicht das Licht in euch, selbst wenn die

Sonne einmal nicht scheint? Es gibt so vieles, worüber ihr euch freuen und wofür ihr dankbar sein könnt. Doch sobald euch ein Tief zu erreichen droht, habt ihr das Gefühl, dass Wolkenmassen sich vor eure innere Sonne schieben.

Ja, ihr Lieben, natürlich transformiert ihr eure Gefühle, und dazu gehört, dass ihr euch diese genauestens anseht. Allerdings hat niemand gesagt, dass ihr deshalb in einer depressiven Phase verharren sollt. Warum versucht ihr nicht aus eigener Kraft, an einem – natürlicherweise vorkommenden – negativen Zustand etwas zu verändern? Warum wartet ihr darauf, dass andere Menschen oder Ereignisse euch wieder Auftrieb geben? Das Licht ist in euch – wendet euch diesem Licht zu und wartet nicht darauf, Liebe im Außen zu erhalten. Dafür seid ihr nicht hier.

Ich möchte euch gerne noch eine Geschichte über den Maulwurf Sepp erzählen. Sepp lebt zusammen mit seiner Familie unter der Erde. Er ist zwar blind, sobald er ans Licht kommt, er kann sich im Dunkeln jedoch gut zurechtfinden. Sepp ist glücklich, denn er hält sich nicht an irgendetwas fest. Er findet seinen Weg in den selbstgebauten Tunneln immer wieder, und er kann im Dunkeln sehen. Er ruht vollkommen in sich selbst und trägt Licht in sich, so ist er nicht auf die Sonne angewiesen. Er ist nicht unglücklich, und er war es nie.

UNSICHERHEITEN KOMMEN "VON HERZEN"

Immer wieder kommt es vor, dass ihr euch unsicher seid, ob der eingeschlagene Weg der richtige ist. Erkennt und geht den Weg eures Herzens in Liebe, geht ihn nicht im Kampf. Vergebt, damit ihr euch selbst vergeben könnt, und nehmt an, damit ihr euch selbst annehmen könnt. Doch wie könnt ihr wissen, dass dieser Weg, den ihr jetzt geht, der richtige ist?

Hört tief in euer Herz hinein. Was sagt es euch? Wo tut es noch weh, wo ist es verletzt? Was habt ihr vergessen, in eurem Herzen zu heilen? Erkennt die Angst, die in euch sitzt, diese Angst, die Äonen von Zeiten Bestand hatte. Wie könnt ihr erkennen, woher diese durch euch gelebte Angst kommt – und ob sie schlecht oder gut für euch ist? Und wie, so fragt ihr euch nun sicherlich, kann eine Angst gut sein?

Ihr alle habt diese Urangst tief in euch, es ist die Angst vor der Inkarnation, der Trennung von der göttlichen Quelle des Alleins. Etwas fehlte, das euch bisher von der letztendlichen Erkenntnis über Ängste abgehalten hat. Es geht nicht darum, diese Angst zu besiegen, es geht einfach darum zu sehen, dass sie nur deshalb da ist, um von euch erkannt zu werden. Es ist die Angst, die euch das Tor aufzeigt, durch das ihr gehen wolltet. Es ist das Tor zu eurem göttlichen Selbst. Es ist euer eigener Wille gewesen, diese negativen Gefühle genau dort zu platzieren, um den Motor in euch starten zu können – für ein neues Leben durch die Überwindung der Angstblockade. Seht die Angst, geht tief in sie hinein, für einige kurze Minuten nur, vielleicht nur für Sekunden. Erkennt die göttliche Liebe, die dahinterliegt, und die Gnade auf eurem Weg, der sich nun in goldenem Licht komplett vor euch auftut. Wenn ihr diesem Weg folgt, folgt ihr dem Weg eurer Seele.

DER EINSATZ DES DRITTEN AUGES

Was genau ist nun eigentlich mit dem Einsatz des Dritten Auges gemeint? Durch das Dritte Auge erlangt ihr die Fähigkeit, euren Weg zu erkennen. Klärt eure Gefühle, damit klärt ihr auch euer Drittes Auge – und der Weg wird klar vor euch liegen. Weshalb denkt ihr, nie die richtige Entscheidung getroffen zu haben? Warum vertraut ihr nicht auf euren Weg, der euch ebenso Klarheit wie auch Unsicherheiten aufzeigen kann? Durch beides werdet ihr gehen, um zu lernen, denn ihr selbst habt dies so entschieden. Deshalb bitte ich euch, die Stationen, die ihr gezeigt bekommt, in Liebe zu akzeptieren. Sie sind immer richtig – sie sind selbst dann richtig, wenn ihr meint, zwischen mehreren Wegen wählen zu können. Eure Seele weiß allerdings bereits vor eurer Entscheidung, was ihr wählen werdet.

Aus diesem Grund nenne ich das Dritte Auge auch das Weltenchakra. Ich bezeichne es so aufgrund seiner Fähigkeit, sich mit den verschiedenen Ebenen oder Dimensionen in Verbindung setzen zu können.

Das Dritte Auge hat folgende Eigenschaften: Es lässt euch den wahren Wert einer Situation erkennen, und es zeigt noch bestehende Unstimmigkeiten zwischen euch und eurer Umgebung auf, die auf eurem Seelenweg liegen. Sie halten euch noch von der wahren, göttlich gelebten Liebe ab. Setzt das Dritte Auge ein, und ihr werdet hell- beziehungsweise klar sehen. Ihr werdet Bilder sehen, die vor euch liegen. Die Erweckung des Dritten Auges bedeutet Magie der höchsten Form, denn mit ihm habt ihr die Möglichkeit, negative Gedankenmuster in Klarheit umzuwandeln. Schickt mithilfe dieses Chakras Klarheit in eine Begebenheit, die euch missfällt, und ihr werdet erkennen, dass diese in euch durch Illusion hervorgerufen wurde.

Worum geht es wirklich, wenn ihr versucht, fehlende Liebe durch einen anderen zu erhalten? Es geht immer um die fehlende Liebe zu euch selbst, die euch von eurer Zufriedenheit abhält. Erkennt die Seelenanteile, sie sind Seelensplitter aus vergangenen Leben, die um euch herumschweben und nur darauf warten, dass ihr sie annehmt. Sie wollen sich mit euch vereinen, um eure Seele zu stärken und um euch noch mehr lieben zu lassen. Durch eure fehlenden Anteile seid ihr unbewusst geschwächt, doch durch deren Integration werdet ihr nach und nach zu euch selbst erwachen.

Und nun geht es darum, euer Drittes Auge zu beschäftigen, damit es sich öffnen kann. Es dient euch nicht nur im irdischen Sinne dazu, Situationen richtig einschätzen zu lernen, sondern es hat die Fähigkeit, euch anzuleiten, den selbst festgelegten Weg zu erkennen und ihm zu folgen. Hierzu biete ich euch eine kleine Meditation an.

Euer Drittes Auge liegt direkt in der Mitte zwischen beiden Augenbrauen. Es kann sein, dass ihr dort nun einen leichten Druck verspürt, ein Kitzeln, eine Spannung. Dann ist es so weit, dass ihr es einsetzen könnt. Fühlt ihr jedoch in euch in diesem Moment keine Bereitschaft, so vertagt diese kleine, aber effektive Meditation, bis ihr bereit dafür seid.

Ich stehe direkt vor euch, ihr könnt mich als helles Licht wahrnehmen oder einfach meine Anwesenheit fühlen. Selbst wenn ihr dies nicht tut, so bin ich dennoch direkt in eurer Nähe, einfach weil ihr an mich denkt – und dadurch bin ich präsent. Ich leite einen hellen, gold-gelb-weißen Lichtstrom in euer Drittes Auge ... Spürt, wie das Licht in eure Stirn fließt, es sieht aus, als würde es einen kleinen Kanal nach hinten passieren. Etwa in der Hälfte eures Kopfes befindet sich der Ausgangspunkt des Dritten Auges – der Hypothalamus. Er ist recht klein und meist verkümmert, er wird ungefähr die Größe eures Fingernagels (Zeigefinger) haben. Das Licht erreicht den Hypothalamus und verbleibt so lange dort, wie es nötig ist, um die Energien zu zentrieren und den Hypothalamus wieder vollständig zum Leben zu erwecken. Dies kann einige Tage in Anspruch nehmen. Vielleicht verspürt ihr in der nächsten Zeit einen leichten Druck im Kopf. Erwartet nichts, lasst einfach vertrauensvoll geschehen.

Ihr müsst das Dritte Auge niemals einsetzen, solange ihr Angst davor habt, doch in der rechten Situation wird es euch zum Sehen verhelfen.

Nun noch etwas zum Hypothalamus: Vor unzählig vielen Jahren wurde eure DNS-Struktur verändert. Umweltbedingungen und einige sonstige Gründe (unter anderem Machtmissbrauch) waren dafür verantwortlich. Es ist euer Erbe und euer Recht, diesen Teil eures Gehirns wieder zu seiner vollen Größe anwachsen zu lassen. Er kann sich auf die dreifache Größe der bisherigen Ausmaße ausweiten. Meist ist es so, dass ihr erkennen könnt, dass er seine Funktion wieder erfüllt, sobald es euch angemessen erscheint.

Es ist nicht mehr nötig, Angst davor zu haben, euer Drittes Auge einzusetzen. Ihr Lieben, es ist sehr viel geschehen seit damals, seit der Zeit, in der wir mithilfe des Dritten Auges lernten, andere Menschen zu beeinflussen – und das geschah leider nicht nur auf positive Art und Weise. Ihr besitzt sehr viel mehr Macht, als ihr denkt. Wählt daher eure Wort mit Bedacht. Erkennt, was diese bei anderen Menschen anrichten können, auch ohne dass ihr sie bewusst weitergebt. Doch die Liebe sitzt ständig tief in eurem Herzen – wendet sie an und lasst euer Talent (und euer Drittes Auge) nicht wieder verkümmern.

In Licht und Liebe,
Metatron

10. KAPITEL

DAS KRONENCHAKRA – KOSMISCHE VERBINDUNGEN

Liebe Wesenheiten, habt ihr vielleicht manchmal Kopfschmerzen und wisst nicht, woher sie kommen? Fällt es euch schwer, mit den Temperaturschwankungen in eurer Umgebung umzugehen? Versteht, dass der Druck des Wetters, sei es nun ein Tief- oder Hochdruck, euer Kronenchakra ausgleichen oder auch belasten kann, solange ihr es noch nicht geschafft habt, diesen Druck auf körperlicher Ebene mithilfe des Energiekörpers auszugleichen.

Ich gebe Chakren sehr ungern eine Nummer, da es nach göttlicher Ansicht unendlich viele Chakren in eurem Körper gibt. Ich weiß, dass in vielen Lehrbüchern vom siebten Chakra als Kronenchakra die Rede ist, doch dem ist nur bedingt so. Es gilt zu erkennen, dass ihr euch von herkömmlichen Lehrmeinungen lossagen und eurer eigenen Wahrheit folgen könnt. Erkennt, das nur das für euch stimmig sein sollte, was eurer Seele als richtig erscheint.

Erinnert euch einmal – wie lange schon bestimmen andere Menschen über euer Selbst? Wie lange schon macht ihr euer Denken und Tun von der Meinung anderer abhängig? Weshalb nur tut ihr nicht das, was auf eurem Weg liegt und was ihr wirklich möchtet? Ihr steckt immer noch in den alten Mänteln, die ihr euch bislang nicht abzulegen getraut habt. Doch die Zeit ist jetzt da, und das Wissen ist in euch. Wie lange wollt

ihr noch warten? Die Mäntel behindern euch beim Gehen, außerdem ist es warm und die Sonne scheint. Sie halten euch
auf und verhindern, das Sonnenlicht noch stärker und direkter
auf eurer Haut fühlen zu können. Legt euren Mantel bewusst
ab und geht eures Weges, und das immer im Vertrauen auf
Gott und auf eure Seele. Erkennt, wie einfach euer Leben sein
kann und auch sein wird, wenn ihr ins Vertrauen und in die
Liebe geht. Versucht, nichts und niemanden zu beeinflussen,
und ihr selbst werdet – nach dem kosmischen Gesetz der Anziehung – nicht beeinflusst werden.

Nun habe ich noch eine kurze Meditation für euch. Seid
ihr bereit, euer Kronenchakra zu öffnen? Dann verbindet euch
bitte bewusst mit diesen Zeilen.

Stellt euch eine große, goldene Kugel vor, die direkt aus der
Sonne zu euch herabschwebt. Es ist ebenfalls eine Sonne, sie
ist allerdings nur wenig größer als ein Tennisball – und strahlend
schön in ihrer Vollkommenheit. Sie strahlt in allen Farben, und
das Ende dieses Farbspektrums erscheint hell, fast weiß. In ihm
sind alle anderen Farben enthalten. Stellt euch nun vor, wie
sich euer Kronenchakra – es hat eine purpurrote Farbe – öffnet
wie die Knospe einer Blüte. Es nimmt die kleine Sonne in sich
auf, sie löst sich in eurem Kopf auf und die Strahlen fließen in
den oberen Kopfbereich hinein. Nun erscheint euer Kronenchakra in weißen Astralfarben. Es wird nur so viel Energie in
eurem Sein aufgenommen, wie gut für euch ist – ein Zuviel an
Energie wird sofort wieder nach oben abgegeben.

Ihr habt die Sonne integriert – und das wird noch eine weitere Auswirkung auf euch haben: Die Kraft der Sonne scheint
in euch, in eurem Gemüt, sie erhellt eure Gedanken. Durch
die Sonne erkennt ihr, wozu ihr hier auf der Erde seid – ihr
seid zu dieser Zeit hier, um das Licht auf die Erde zu bringen.
Ihr alle, die ihr dieses Buch lest, seid Kinder des Lichts – auch
"Lichtarbeiter" genannt. Erinnert euch an den Grund eures

Hierseins, erinnert euch daran, dass ihr die Menschheit einem
Ziel näher bringen wolltet: der Integration in ein neues Zeital-
ter, das Wassermannzeitalter. Der Aufstieg der Erde in die
fünfte Dimension steht kurz bevor, und dafür – nur aus diesem
Grund – seid ihr an diesem Platz. Lebt anderen Menschen vor,
wie man diesen Weg beschreitet.

Doch noch etwas ist wichtig zu erfahren: Nicht nur ihr allein arbeitet mit an der Integration der Energien – nein, auch
wir Engel, die Aufgestiegenen Meister und noch ganz viele andere Wesen aus parallelen Dimensionen sind daran beteiligt.
Ihnen fällt es nun leichter, sich hier auf der Erde aufzuhalten,
da die Schwingung der Liebe immer mehr integriert werden
kann, da euer Planet durchlässiger wird. Erkennt, dass wir alle
auf ein Ziel hinarbeiten und dass unsere Arbeit einen Nutzen
bringen wird: die Befreiung von Mutter Erde von ihren karmischen Altlasten. Gleichermaßen wird eure eigene Befreiung
von euren Altlasten erfolgen. Ihr erkennt uns als Hellsichtige,
spürt uns als Feinfühlige und merkt, dass wir euch unterstützen, sobald ihr uns um Hilfe bittet. Wir sind diejenigen, die
euch dabei helfen, die Energie zu integrieren, die die sogenannten Zufälle oder Synchronizitäten in euer Leben bringt, wir
helfen der Matrix um euch herum, zu funktionieren und euch
euren Weg zu weisen. Wir sind bei euch und zeigen euch, wie
ihr euch diese Matrix nutzbar machen könnt. Folgt uns, folgt
eurem Herzen und eurer Seele, und ihr werdet erkennen, was
sich um euch herum alles in Liebe verändern kann.

Was geschieht in euch, wenn ihr die Energie der Sonne in
euer Gehirn einfließen lasst? Inwiefern verändert ihr euch?
Nun, eine Veränderung wird dann eintreten können, wenn ihr
euch nicht gegen die Informationen der Sonnenenergie sperrt.
Es sind Informationen des Ausgleichs und der Liebe, die ihr zu
integrieren bereit sein solltet. Der Vorgang verhilft euch zu
einem bewussten Denken. Damit meine ich nicht, dass ihr

bisher falsch gedacht habt, nein, damit meine ich, dass eine Aufnahme der neuen Energien die Matrix um euch herum aktivieren wird, wodurch neues Bewusstsein einfließen kann. Erkennt, dass durch universelles Denken eure DNS-Struktur verändert wird; auch ihre Aufnahmemöglichkeiten werden durchgehend erhöht werden. Durch jede neue Erkenntnis, durch jedes neuerliche Integrieren wird eure DNS erweitert und verstärkt. Ihr werdet umdenken, und anstatt Geld und Ansehen werden euch Liebe und energetischer Ausgleich wichtig sein – was euch die Matrix dann auch sogleich zuspielen wird.

Dies ist keinesfalls etwas, das Angst in euch auslösen sollte. Erkennt, dass Angst nur durch das Ego hervorgerufen wird, das eine Änderung der bisherigen Lebensgewohnheiten und Verhaltensmuster zu verhindern versucht. Erkennt, dass euer Ego darauf aus sein muss, dies zu verhindern, da es sonst keine Existenzgrundlage mehr besitzen würde.

Erkennt in Liebe an, dass dieses Wissen immer schon, bevor ihr hier auf der Erde inkarniertet, in euch war. Mit eurer Geburt auf diesem Planeten wurdet ihr von der Erkenntnis abgeschottet, in der Erdenergie habt ihr im Laufe der Zeit das göttliche Gefühl, eins mit allem zu sein, ausquartiert. Nun ist es so weit, dieses Wissen Schritt für Schritt wieder in euer Dasein zu holen – mit eurem Einverständnis. Es ist an der Zeit, das Wissen wieder zuzulassen, das euch zwar abhandengekommen ist, jedoch immer schon zu euch gehörte. Verfügt über dieses Wissen, verfügt über die Matrix um euch. Erkennt, dass ihr alles in euer Leben holen könnt, was ihr möchtet und was ihr braucht. Wenn euer Weg die Angst benötigt, so wird die Angst euch zur Erkenntnis verhelfen. Ihr wisst allerdings mittlerweile, wie ihr mit der Angst umgehen könnt – lernt, sie anzunehmen, seht sie euch an, erkennt die Illusion, die sie euch auferlegt hat, und geht im Vertrauen auf die Liebe weiter. Habt Vertrauen zu uns, doch habt hauptsächlich Vertrauen zu euch.

Ihr selbst seid die Erbauer eures Weges, und ihr könnt euren Weg nach eigenem Gutdünken verändern. Nutzt die bisher verschleierte Magie, die in euch angelegt ist, und erkennt, dass diese Worte nicht nur reine Fiktion sind und dass es kein Wunschdenken ist. Erkennt, dass ihr eure Realität bestimmt. Nichts ist unwiederbringlich, was jemals in euch war, Magie und Liebe schon gar nicht. Nehmt die Macht eures Geistes an, und kreiert euch euer Leben – vielleicht bald schon ein freieres Leben als bisher. Und erkennt dabei, dass alles, was euch an scheinbar Negativem zustößt, ein Hinweis ist. Erkennt ihn, nehmt ihn an, wendet ihn an.

EBBE UND FLUT WERDEN IMMER UM EUCH SEIN

Ihr Lieben, ich würde euch gerne helfen, euer Wissen umzusetzen, doch ich akzeptiere dabei euren freien Willen. Das Wissen um die Gezeiten spiegelt das Wissen der Zeiten. Ihr fragt euch, was ich damit meine, und ich werde versuchen, es euch an einem Beispiel zu erklären: Ihr kennt die Gezeiten Ebbe und Flut. Sie kommen und gehen, und dies alles hängt mit dem Mond und seiner Anziehungskraft zusammen. Diese Erkenntnis durch eure Wissenschaftler war das Wissen, das ihr zu dem damaligen Zeitpunkt integrieren konntet.

So war es früher, doch heute werden euch noch viele weitere Erkenntnisse zuteil. Versteht, dass es für eine Veränderung beziehungsweise Erkenntnis im Außen nötig ist, euch für euer inneres Wissen zu öffnen. Viele Schätze werden euch jetzt zuteil, von denen ihr noch vor ein paar Jahren nicht zu träumen gewagt hättet.

Mit der Bewusstseinsentwicklung im Inneren verändert sich immer auch euer Außen. Ihr werdet vielleicht bei anderen

Menschen "anecken", wenn ihr plötzlich anfangt, zu eurer Meinung, zu euch und zu eurem Herzen zu stehen. Einige Menschen werden sich von euch abwenden – doch sehr viele Menschen werden sich euch zuwenden. Erkennt diese Entwicklung an und seht, dass sie euch im Außen spiegelt. Die Menschen, welche nicht mehr mit euch harmonieren, haben noch Angst vor dem Weg, der auch von ihnen irgendwann erkannt werden wird. Reagiert nicht abweisend, wenn sie euch verachten, geht einfach nicht darauf ein, wenn sie versuchen, euch zu verletzen. Lebt euch selbst, und ihr werdet in völligem Vertrauen weitergehen können.

Jedoch auch Menschen, die euch lieben, werden sich vielleicht von euch abwenden. Sie haben Angst vor der Wahrheit, Angst davor, vor anderen als "Spinner" dazustehen, da sie den Kontakt mit euch Sonderlingen halten. Sie lassen sich energetisch von der (momentanen) Mehrheit beeinflussen; sie können und wollen ihr altes Leben vorerst nicht aufgeben. Erkennt, dass sie noch nicht so weit sind. Nennt diese Menschen nicht schwach, sondern seht eure eigene Stärke. Das Licht wird immer demjenigen gewiesen, der bereit ist, es zu integrieren. Dunkelheit kann nur durch Licht bestehen, denn ohne Licht existiert kein Schatten. Seid euch dessen bewusst: Ein jeder Schatten beinhaltet Licht in sich. Liebt euren eigenen Schatten, da er euer Licht noch leuchtender scheinen lässt.

Doch nun noch einmal zurück zum vorigen Thema, Ebbe und Flut. Auch Ebbe kann nur herrschen, wenn es den gegenteiligen Pol – die Flut – dazu gibt. Erkennt, dass in dem Schlick, der durch den Wechsel von Ebbe und Flut entsteht, unheimlich viel Leben herrscht. Die Natur hat für alles, für alle Lebewesen und für alle Gezeiten, eine Daseinsberechtigung erschaffen. Alles hat seinen Sinn, alles ist gut und wichtig. Was meint ihr, was geschehen würde, wenn die Lebewesen im Schlamm, den die Meeresflut hinterlassen hat, nicht existieren würden? Was würde mit dem Meer ohne diese Kleinstlebewesen, wie Plankton, Krebse und so weiter, geschehen? Sie halten die Flüssigkeit/die Energie im Sand. Das Wasser würde ohne sie komplett versickern.

Diese Kleinstlebewesen leben im Schattenanteil des Wassers, doch immer noch ist Wasser vorhanden, bis das Meer zurückkommt. Und ebenso ergeht es vielen Menschen ... Sollten sie im Schatten leben, wird irgendwann auch für sie ihre eigene Sonne aufgehen. In jedem von ihnen ist das Licht enthalten – seht es und helft ihnen, es zu finden sowie es freizusetzen.

Was könnt ihr tun, wenn ihr von Menschen verurteilt werdet, wenn sie versuchen, euch negativ zu beeinflussen, und wenn sie dabei andere – euch bisher freundlich gesonnene Menschen – auf ihre Seite ziehen? Erkennt, wer ihr seid, und erkennt, wer sie sind. Sie sind Lebewesen, die es bisher nur noch nicht verstanden haben, die Liebe in ihr Sein zu integrieren. Sie fürchten sich vor dem Wissen, haben Angst vor den Schmerzen, die unweigerlich hochkommen werden, wenn sie irgendwann mutig sind und in ihre eigene Seele schauen. Sie haben Angst vor dem Schmerz, sich eingestehen zu müssen, dass sie bisher in einer Illusion gelebt haben. Sie haben Angst davor zu erkennen, dass alles, was sie als wichtig und gut erachteten, nur ein Teil eines Spieles – des Spiels des Lebens – sein könnte. Sie legen viel Wert auf Macht, doch in Wahrheit fliehen sie vor der Liebe – und ihr Ego versucht, sie zu schützen. Doch es lügt, es versorgt sie mit einer falschen Wahrheit, die sie irgendwann unweigerlich erkennen werden. Und wer gibt schon gerne zu, dass er sich selbst viele Leben lang nicht so sehen wollte, wie er in Wahrheit ist?

Helft ihnen, indem ihr ihnen vergebt und sie versteht. Indem ihr ihnen die Verantwortung für ihr Tun zurückgebt und euch auf eurem Weg nicht beeinflussen lasst. Werdet immun gegen ihre Aggressivität – und steht zu euch. Das ist die Heilung, die ihr euch selbst zukommen lassen könnt.

Integriert die Wahrheit dieses Kapitels tief in euch und habt keine Angst vor der Liebe.

Ich sende euch dies in tiefster Liebe,
Metatron

11. KAPITEL

DAS ALPHACHAKRA – WISSEN AUF SEELENEBENE

Ihr lieben Wesenheiten, manchmal gibt es in eurem Leben Zeiten, in denen ihr vielleicht annehmt, dass wir – die Engel – euch verlassen haben, dass Gott euch verlassen hat. Doch wisst, gerade in schwierigen Zeiten, in Zeiten, in denen ihr euch allein und schutzlos fühlt, sind wir dennoch um euch. Gerade dann sind wir um euch – auch wenn ihr euch aus Kummer vor uns verschließt und uns dadurch nicht bemerken könnt. Niemals seid ihr allein, und niemals wart ihr in eurem Leben allein. Doch es gibt natürlich immer wieder Situationen, in denen wir nicht eingreifen können und dürfen – einmal, da ihr uns vielleicht nicht darum gebeten habt, und ein anderes Mal, da dies nicht eurem Lebensplan entsprechen würde, dem Plan, den ihr vor eurer Inkarnation selbst entworfen habt. Habt keine Angst vor dem Alleinsein – denn ihr seid es nicht. Ruft uns, und ihr werdet uns spüren können und unsere Wirkung bemerken.

Lasst mich euch hierfür wieder ein Beispiel nennen: Es war einmal eine kleine Erdkröte, sie vergrub sich im Erdreich für den monatelangen Winterschlaf. Was meint ihr – ist sie nun die ganzen Wintermonate über allein? Nein, sie trifft sich mit anderen Kröten – im Schlaf. Und sie hat die Möglichkeit, ins Reich der Geistwesen überzuwechseln. Doch niemals – und ich betone das Wort NIEMALS – ist sie allein.

Auch ihr könnt energetisch mit anderen Wesen kommunizieren, mit Pflanzen, mit Tieren und auch mit anderen Menschen. Sie spüren das, spüren euch, wenn ihr mit ihnen sprecht. Irgendwann einmal werdet ihr euch alle auf diese Weise miteinander unterhalten können. Wenn ihr das Gefühl habt, dass es etwas zu klären oder zu bereinigen gibt, so tut das auf diese Weise. Handelt jedoch immer in wahrer Liebe, und versucht niemals, andere zu beeinflussen. Ihr werdet spüren, wie viel Liebe euch und die betreffenden Menschen sodann durchfluten wird.

Heute geht es um das Erkennen des bewussten Selbst in euch. Hierzu biete ich euch eine kleine Meditation an. Solltet ihr euren ursprünglich geplanten Weg nicht mehr erkennen können, wird sie euch dabei helfen, wieder klarzusehen.

Die Sonne scheint, und ihr steht vor einer großen Blume, einer Dahlie. Sie besitzt eine wunderschöne orangerote Blüte. Diese Blume ist sehr groß, höher als ihr selbst, sobald ihr direkt davorsteht. Steht ihr auch nur einen Meter entfernt davon, erscheint sie euch jedoch so klein wie eine ganz normale Blume, doch sobald ihr näher herangeht, wird sie – ganz plötzlich – immer größer.

In dieser Blume findet sich das gesamte göttliche Bewusstsein, zu dem ihr zu dieser Zeit Zugriff habt. Es ist das Bewusstsein, das euch nun auf eurem Weg weiterbringen kann. Die Blume empfängt es durch die Strahlen der göttlichen Sonne, und sie hat Zugriff auf das Christusgitternetz um die gesamte Erde herum. Bittet nun die Blume, eintreten zu dürfen.

Vor euch – im Stiel der Blume – öffnet sich eine Tür, eine grüne Tür. Ihr könnt nun eintreten. Im Stiel der Blume sieht alles ganz anders aus, als ihr es euch vorgestellt habt. Er ist nicht klein und eng – nein, der Raum, in den ihr tretet, nimmt ungewohnt große Ausmaße an, und die Tür ist plötzlich verschwunden. Doch ihr fühlt euch geliebt und habt keine Angst.

Ihr könnt nicht erkennen, wie hoch der Raum ist, und ihr könnt nicht erkennen, wo er aufhört. Er ist unendlich groß, ohne ein Ende und ohne einen Anfang. Vor euch befindet sich ein goldener Stuhl – euer Schutzengel steht vor diesem Stuhl. Er bittet euch, euch hinzusetzen. Es ist euer Stuhl – nur für euch steht er dort. Nehmt Platz auf diesem Stuhl, ruht euch aus und erkennt die farbigen Energien, die um euch herumschweben.

Es sind Energien aus goldenem, fast weißem Licht, aus rubinrotem und aus grünem Licht, aus blauem Licht – alle Farben sind um euch herum. Genau die Farben und Schattierungen, die heute für euch wichtig sind, vereinigen sich nun mit eurer Energie.

Das Wissen, das in der Farbe beziehungsweise in den Farben enthalten ist und das euch zu diesem Zeitpunkt begleiten kann, wird dadurch in diesem Moment in euch integriert. Es wird euch in der materiellen Welt zugeführt, sobald es an der Zeit ist – oder es wird einfach als Gedanke in eurem Kopf entstehen. Wisst, dass dieses Gefühl, dieser Gedanke, der Meditation in der Blume des Lebens entspringt. Lasst euch von der Farbe, die euch umgibt, durchfluten, und nehmt die Gedanken auf, die zu euch kommen.

Dann bedankt ihr euch, steht von eurem Stuhl auf und erkennt, dass sich die Tür nach draußen plötzlich wieder vor euch befindet. Öffnet sie und verlasst die Blume. Sobald ihr außerhalb der Blume seid, erkennt ihr die göttlichen und weltlichen Wunder, die euch umgeben, und kommt zurück in eure Jetzt-Gegenwart. Öffnet die Augen, falls ihr sie geschlossen hattet, und seid wieder ganz HIER.

Diese Meditation soll euch nicht nur Wissen und Erkenntnis bringen, sondern auch großen Frieden. Erkennt, dass ihr mit einer bewussten Ausrichtung eurer Gedanken alles erschaffen könnt. Dies ist keine Phantasie, dies ist Wirklichkeit – probiert es aus. Im universellen sowie in eurem weltlichen Dasein könnt ihr alles erschaffen, was ihr wollt, solange ihr die Gesetze der Matrix beachtet und in Liebe handelt. Erkennt, dass alles zu euch zurückkommt und dass Liebe die stärkste Macht der Welt ist.

Dieses Kapitel beinhaltet die Integration des Alphachakras, viele nennen es das achte Chakra, das sich ungefähr drei Handbreit über eurem Kronenchakra befindet. Ich nenne es das Chakra des Wissens und der Erkenntnis.

Manchmal fühlt ihr euch allein und losgelöst von allem. Es gibt Zeiten, da scheint euch nichts wirklich zu interessieren. Manchmal fühlt ihr euch einsam und traurig, und das Leben erscheint euch ohne Sinn und Hoffnung. Weshalb seid ihr hier? Warum könnt ihr nicht einfach immer glücklich sein und euer Leben genießen? Warum sucht ihr dann nach Ablenkung im Außen – habt ihr darüber schon einmal nachgedacht? Wäre es nicht viel einfacher, in euch selbst nach Heilung und Liebe zu suchen, anstatt sie vom Außen zu fordern? Ihr werdet sie im Außen nicht finden, da ihr nur das anziehen könnt, was selbstverständlich für euch ist und wobei ihr keinen Mangel empfindet. Indem ihr euch aber vor euren eigenen unbewussten, ängstlichen, traurigen oder zornigen Gedankengängen verschließt, zieht ihr Negativität in euer Leben.

Die Anziehungskraft der Matrix – die Anwendung der universellen Gesetze – ist enorm, sofern ihr sie wirklich anzuwenden versteht. Versucht, euch auf ein Ziel zu konzentrieren, und ihr werdet alle dafür nötigen Impulse zugespielt bekommen. Doch beeinflusst niemals den Lebensweg eines anderen durch die Matrix, denn dieses Verlangen entsteht nicht aus der bedingungslosen Liebe heraus. Bestellt euch etwas, erbittet es vom Universum – irgendetwas, das ihr gerne hättet, aber nicht zwingend braucht. Malt euch aus, wie es ist, wenn ihr es bereits erhalten habt – eure Freude, es in den Händen zu halten, und das Wissen, dass es euch gehört. Erkennt, dass ihr selbst die Erschaffer eures Lebens seid – die Erschaffer von allem, was in und um euch herum ist. Bestellt euch einen Parkplatz, eine Feder, ein Ereignis oder einfach Licht und Liebe. Ihr werdet es erhalten – entweder sofort oder wenn es an der Zeit ist.

Ihr habt so viele Möglichkeiten, sobald ihr euch traut, eure Fähigkeiten bewusst einzusetzen. Wenn ihr euch nicht sicher seid, ob etwas gerade jetzt richtig oder gut für euch ist, so sagt zu eurem Wunsch dazu "für alle Beteiligten das Beste" – und ihr werdet genau das erhalten, was zu diesem Zeitpunkt und an diesem Ort für euch und eure Seele bestimmt ist.

Seht nun einen offenen Geschenkkarton vor euch. Ihr habt einen Zettel in der Hand, und auf diesem notiert ihr bitte euren Wunsch, der durch die Matrix in die geistige Welt übergeht. Legt diesen Zettel in den imaginären Karton, schließt ihn und reicht ihn an euer Höheres Selbst weiter, das in diesem Moment vor euch steht. Nun wird die Bestellung ihren Lauf nehmen – solange sie nicht außerhalb eures Seelenplanes liegt.

Ihr könnt auch eine Zeitangabe machen. Die Bestellung wird dann nach eurer Angabe eintreffen – in Ausnahmefällen jedoch auch erst, sobald die Zeit reif dafür ist. Solltet ihr die Lieferfrist jedoch auf zwei Tage fixiert haben, aber die Lieferung der Bestellung ist in dieser Zeit aufgrund eures Lebensplanes noch nicht möglich, werdet ihr die Zeit bis zum Empfang abwarten müssen. Diese kann für euer Zeitgefühl unter Umständen recht lange dauern. Umgekehrt kann etwas jedoch auch viel früher als bestellt geliefert werden – lasst euch überraschen. Doch achtet darauf, was ihr bestellt, denn: Es könnte in Erfüllung gehen (Metatron grinst).

Habt ihr Probleme mit eurem Partner oder im Freundeskreis und wisst nicht, wie ihr damit umgehen sollt? Was bewirkt dies tief in euch, was spiegelt es euch? Erkennt euch selbst in dem Verhalten der anderen wieder. Versteht, weshalb euch bestimmte Themen beeinflussen, und wenn ihr es nicht erkennen könnt, so bittet uns um Hilfe. Ihr werdet diese Hilfe bekommen. Seid aufmerksam – und ihr werdet sie erkennen.

Das Alphachakra verbindet euch mit dem Wissen der geistigen Welt, außerdem verbindet es euch mit den Möglichkeiten, die in und um euch herum sind. Nehmt diese Verbindung in Liebe an, und ihr werdet großes Glück empfangen können. Wir sind immer für euch da, egal worum es geht, und egal wann ihr uns um Hilfe bittet.

Woran könnte es liegen, dass ihr es euch manchmal sehr schwer macht, Wissen zu erkennen? Wie können wir helfen, wenn euch die Angst festhält? Wenn sie euch davon abhält, frei zu sein – frei von Verstrickungen und frei von eigenen destruktiven Gedankengebilden?

Es ist nur eure Angst, die euch festhält, nichts anderes. Sie mag euch sagen, dass alles, was ihr hier hört, wissenschaftlich nicht nachgewiesen ist. Wer kann die Existenz des Universums und des Wissens, wie wir es euch lehren, beweisen? Ganz einfach, der Beweis liegt in euch selbst – in eurem Herzen. Wenn ihr ganz tief hineinseht, dann wird es euch leiten und das Wissen zu euch tragen ... und mit dem Wissen auch zusätzliche Bücher oder Informationen, die ihr für diesen Weg benötigt. Vertraut euch, vertraut eurer Führung. Habt keine Angst vor Gefühlen, nehmt sie an und lebt eure Gefühle. Ihr sollt keine Traurigkeit oder negativen Emotionen schüren, aber es wäre sinnvoll, wenn ihr euch nicht davon abwendet, sondern euch zu ihnen bekennt. Auch wenn ihr versucht, sie nicht zu sehen und sie dadurch von euch stoßt, so bestehen sie dennoch weiter in euch. Sie werden wachsen, bis euch irgendeine Begebenheit im Außen dazu bringt, nach innen zu sehen, um die Gefühle anzuerkennen und auszuleben. Das soll kein Druck sein, sondern eine Hilfe eurer Seele – dies sind die kosmischen Gesetze, die immer gelten und gegolten haben. Nehmt dieses

Wissen an, lebt nicht länger unbewusst und erkennt, dass ihr alle Hebel selbst in der Hand haltet.

Dies ist das Ende dieses Kapitels. Doch was hat all dies mit dem Alphachakra zu tun?

In ihm ist notwendiges Wissen abgespeichert, und das Chakra wird von den kosmischen Energien gespeist – sofern ihr dies zulasst. Gedanken erschaffen Energie, und wenn ihr immer wieder Zweifel aussendet, so wird nur der Zweifel zu euch zurückkommen. Stellt euch euren Zweifel als Energie in Form einer Säule vor. Wie sieht die Farbe der Energie aus? Dunkel, trüb und grau? Wenn das der Fall sein sollte, so stellt euch vor, wie lichte, weißgoldene Energie diese Säule erhellt. Verändert durch euer Tun die Farbe und beobachtet den Effekt, den diese Handlung auf eure Gedanken hat.

In Licht und Liebe,
Metatron

12. KAPITEL

DAS OMEGACHAKRA – AUFSTIEGSENERGIEN

Hallo ihr Lieben, heute möchte ich euch gerne das Wirkungsspektrum des Omegachakras nahebringen. Das Omegachakra steht für die Aufnahme der heiligen Lehren. Wie könnt ihr euch das vorstellen? Ihr Lieben, ihr habt noch viel mehr Chakren, als ihr im Moment annehmt. Diese Chakren wirken nicht nur im Körperlichen, sondern auch direkt in euren feinstofflichen Energiesystemen. Die Verbindung zum Universum wird dadurch erhalten, ja, sogar im Universum selbst befinden sich Chakren eurer eigenen Energie. Da ein Chakra sogar mit dem Erdkern verbunden ist, besteht auch von dort aus eine Verbindung zum Universum.

Das Omegachakra – ihr könnt es euch in einer durchsichtigen, transparenten Färbung vorstellen – verbindet euch nicht nur mit kosmischem Wissen, sondern es hilft auch dabei, direkt in die heiligen kosmischen Lehren eingeweiht zu werden. Mit "Einweihung" meine ich eure eigene Meisterschaft und die Bereitschaft, einen Schritt weiterzugehen. Ihr erhaltet immer wieder Einweihungen, oft ohne dass ihr diese direkt bemerkt. Sie finden in euren Träumen und auf der Seelenebene statt – manche Menschen erleben diese in der Meditation. Eure DNS wird verändert, Erfahrungen vergangener Inkarnationen werden geheilt – und dadurch wird die DNS um ein Grundsegment erweitert, was eine gewisse Reife und Erfahrungswerte voraussetzt. Ihr könnt allerdings nicht überfordert werden, sondern wachst Schritt für Schritt.

Das Omegachakra ist ebenso wie das Alphachakra ein Chakra der neuen Zeit, das meint, dass es die neuzeitlichen Energien aufnimmt und an euch weitergibt. Es sitzt etwa 20 Zentimeter unterhalb eures Dammbeins unter dem Wurzelchakra, und die kosmischen Energien fließen zwischen dem intakten Alphachakra und dem Omegachakra hin und her. Diese beiden Chakren sorgen dafür, dass ein vereinigtes Chakrensystem entstehen kann.

Habt ihr den Begriff "vereinigtes Chakrensystem" schon einmal gehört? Falls ihr euch fragt, was ein vereinigtes Chakrensystem darstellen soll, kann euch die folgende Meditation dabei helfen, den Sinn des geschlossenen Chakrensystems zu erkennen.

Das Alpha- und das Omegachakra verbindet eine heilige Röhre, die Pranaröhre. Durch diese Röhre, die einen ungefähren Durchmesser von zwei bis vier Zentimetern hat, wird jetzt zu diesem Zeitpunkt, zu dem ihr meine Worte lest, vermehrt göttliche Energie fließen. Seht, wie über euch eine heilige Sonne scheint, und stellt euch vor, wie ihre Strahlung sich direkt vor eurem Alphachakra bündelt. Die gebündelten Strahlen fließen nun euren Rücken hinab, direkt in das Omegachakra hinein. Die Sonnenstrahlen sind stark und hell, sie verbinden sich gleichermaßen mit Mutter Erde und fließen in den Boden, bis zum Erdkern. Dort besitzt ihr noch ein weiteres Chakra – jeder von euch hat dieses Chakra. Die Sonnenenergie erreicht nun dieses Chakra, das seinerseits Erdenergie zurücksendet. Diese wiederum fließt zurück in eure Pranaröhre. Die Energien laufen miteinander und gleichermaßen nebeneinander her, sie fließen, ohne einen Energiestau zu verursachen. Alles läuft flüssig und ohne irgendwelche Stauungen durch euch hindurch, ihr seid der Kontaktpunkt zwischen Himmel und Erde. Ihr fühlt euch warm durchflutet und voll göttlicher Liebe.

Und nun beachtet eure einzelnen Chakren ... Wurzelchakra, Sakralchakra, Solarplexuschakra, Herzchakra, Thymuschakra, Halschakra, Drittes-Auge-Chakra, Kronenchakra ... Sie werden größer, weiter. Ihre Farben vermischen sich plötzlich miteinander, ihre Struktur verbindet sich – alles um euch herum leuchtet und weitet sich aus. Aus allen Farben wird eine weißgold schillernde Farbe, in der alle Farben enthalten sind – die Beinchakren, Alpha- und Omegachakra sowie alle anderen Chakren, alles ist eins. Euer Chakrensystem ist ab jetzt nicht mehr getrennt. Ihr fühlt euch gut geerdet und habt darüber hinaus das Gefühl, als könntet ihr fliegen.

Wenn ihr die Möglichkeit dazu habt, so visualisiert diese Übung mehrere Tage lang beziehungsweise immer, wenn ihr bemerkt, dass eure Energie abfällt. Diese Übung wird euch helfen, euren Speicher wieder mit göttlicher Liebesenergie aufzufüllen.

Aus welchem Grund erfolgte diese Einweihung? Ja, es war eine Weihe – habt ihr es bemerkt? Es ging um das perfekte Zusammenspiel zwischen Alpha- und Omegachakra, um das Zusammenspiel eures feinstofflichen Körpers. Glaubt mir, dass diese Übung große Auswirkungen auf eure Liebesfähigkeit und Energie haben wird. Ihr Lieben, ihr alle seid Kinder des Lichts, und es ist an der Zeit, eure Aufgabe zu erkennen. Lebt dieses Licht, und wenn es so weit ist, wenn ihr das Gefühl habt, es sei an der Zeit, dann gebt es weiter. Lasst andere an diesem Licht teilhaben.

Wir lieben euch. Erinnert euch.

Doch nun geht es weiter mit meinen Ausführungen, ich möchte euch erklären, weshalb ihr wirklich hier auf der Erde inkarniert seid. Es ist eigentlich ganz simpel – ihr wolltet euch selbst entdecken. Ihr wolltet sehen, wie ihr euch selbst erkennt hinter einer Fassade aus Angst und Schmerz, vielleicht hinter einer Mauer aus Wut und Aggression. Nun ist die Zeit gekommen, und ihr habt die Möglichkeit, all das als einen Teil des Theaterspiels zu erkennen, das euch bisher von eurem wahren ICH abgelenkt hat. Weshalb ist es nun erst so weit, weshalb nicht schon früher oder erst später? Weshalb nicht erst in 200 oder in 2000 Jahren? Nun, es ist eigentlich sehr einfach zu erklären: Ein Photonengürtel umgibt die Erde, und sie kommt nun in den Zyklus der Energieumwandlung. Die Erde musste gut 10.000 Jahre lang darauf warten, bis es wieder so weit war. Nun darf sie zusammen mit euch in die Liebesenergie aufsteigen. Dies geschieht in Zusammenarbeit mit den Planeten Sirius, Mars, Merkur und anderen. Doch der Hauptakteur, der euch am meisten unterstützt, ist der Planet mit dem Namen Sirius.

Was meint ihr, wohin ihr des Nachts in euren Träumen wandelt, um zu lernen oder Informationen zu erhalten? Zum Sirius, zu dem Planeten, der uns die Energie der Wale und der Delphine gesandt hat. Sie sind Abgesandte auf eurem Planeten, um die Energien der Meere mit Siriusenergie zu füllen. Und ihr, liebe Menschen, seid Abgesandte des Sirius oder einer anderen Planetenheimat, um durch eure Energieübertragung der Erde und ihren Bewohnern beim bevorstehenden Aufstieg zu helfen.

Der Sirius ist, wie bereits angesprochen, der Planet, auf dem viele von euch während der Nacht Schulungseinheiten verbringen. Ihr wisst meist nichts mehr von dem, was ihr dort erfahren durftet, und doch wird eure Energie auf diesem Planeten geschult und angepasst – und würdet ihr euch erinnern, würdet ihr wohl kaum noch hierher auf die Erde zurückkommen wollen, denn die Siriusenergie ist wunderbar beruhigend und liebevoll. Ihr wart mit diesem Schutz einverstanden, die Schulungen werden nur in eurem Unterbewusstsein erfasst und aus eurem Jetzt-Bewusstsein gelöscht.

Mit der Zeit kann die Erde in dieses System integriert werden, und ihre Energie wird angehoben werden. Genau aus diesem Grund seid ihr auf den Plan getreten. Geht den Weg in Liebe, und verbindet euch in euren Meditationen mit der Energie des Sirius. Bittet darum, und es wird geschehen.

Doch was ist nun der Photonengürtel? Es ist ein Energiegürtel, der nicht nur die Erde, sondern das ganze Sonnensystem umrundet. Sobald ihr in die Energie des Photonenrings (oder Photonengürtels, was gleichbedeutend ist) eintretet, wird eure eigene Energie angehoben, auch wenn es euch manchmal so vorkommt, als würde alles in euch stagnieren. Euer Energielevel muss sich anpassen, und das dauert seine Zeit. Der Gürtel besteht aus Atomen, aus Energie und aus Licht. Es ist kosmisches Licht der höchsten Seinsform. Alles ist Energie, der Gürtel lebt, er hat Bewusstsein – nein: Er ist Bewusstsein. Vielleicht hört sich dies für euch alles etwas schwierig an, aber erkennt den Sinn in allem: Der Photonengürtel ist eure Heimat, und er bringt euch in eure Heimat – zu euch selbst.

Ein Eintritt der Erde in die vermehrte Energie des Photonengürtels hatte Mitte Mai 2010 stattgefunden, und der Energiefluss wird zwischendurch immer wieder stagnieren, bevor es weitergehen kann. In dieser Zeit habt ihr die Möglichkeit, Altes zu verarbeiten sowie Altes loszulassen, um dann weiterzugehen. Doch bald wird es so weit sein, dass die Erde beständig in der Photonenenergie verbleiben kann. Die Erde wird aufsteigen – und mit der Erde all diejenigen, die dafür bereit sind.

Doch wo entspringt die Angst, die vielleicht in euch aufkommt, sobald ihr an den Aufstieg denkt? Eine Angst, die ihr nicht benennen könnt und die trotzdem tief in euch sitzt ... Ihr Lieben, lasst euch eines gesagt sein: Ihr werdet keine, überhaupt keine Angst mehr davor haben, wenn es so weit ist. Angst entspringt nur dem Ego, es ist der letzte Schritt vor der Vollendung, der letzte Schritt davor, vollständig in göttliche

Energien der Freude gelangen zu können. Angst gibt es nicht, ihr alle wisst, dass jegliches seelische Ungleichgewicht nur der fehlenden Liebe in euch entspringt. Doch sobald euch diese Angstenergie umgibt, heißt es: Erkennt sie, und setzt euer Wissen um. Ihr wart bereits in der reinen Liebesenergie, ihr wisst, wie sie sich anfühlt, und ihr wisst, dass jegliche Angst unbegründet ist. Ihr habt Angst vor der Veränderung, vor dem Loslassen der alten Gewohnheiten, der weltlichen Gedanken. Angst davor, ein Adept, ein Weiser zu sein. Angst davor zu bemerken, dass jeglicher Besitz euch bindet, obwohl ihr doch eigentlich frei sein wollt. Ihr wisst, dass es gar keine Verpflichtungen und Besitztümer gibt, denn in der neuen Energie – oder soll ich sagen: in der alten Energie – ist alles eins.

Erkennt die reine Liebe in euch, die ihr bereit seid zu leben, wenn es so weit ist. Dies muss nicht heute und nicht morgen sein, denn alles ist eurem freien Willen unterworfen. Ihr selbst habt es in der Hand, auf das Spiel des Lebens herabzublicken und zu euch selbst zu sagen, dass ihr nur noch Beobachter, jedoch kein Teilnehmer mehr sein wollt. Dies meint nicht, dass ihr gehen sollt – nein, das heißt, dass es in eurer Macht steht, alles anzunehmen, was um euch herum ist, sowie die Lehren zu erkennen und zu leben. Ihr solltet allen anderen als Beispiel dienen, die noch nicht erkannt haben und die das Spiel – das karmische Spiel – noch für ihr Weiterkommen benötigen. Niemals – bitte glaubt, was ich euch sage – sind Engel für immer Menschen geblieben. Und ihr alle, die ihr dieses Buch lest, seid Engel – auf Erden. Das habt ihr euch zu eurer Aufgabe gemacht.

Nehmt an und geht weiter in Liebe,
Metatron

13. KAPITEL

DIE ERLÖSUNG KARMISCHER MUSTER

Ihr lieben Wesenheiten, ist es nicht an der Zeit, die Visionen eures Lebens umzusetzen? Sie nicht nur hier in diesem Buch zu studieren, sondern sie auch anzuwenden? Ist es nicht so, dass euch immer wieder Situationen begegnen, die euch überfordern und mit denen ihr nicht umzugehen wisst? Ihr habt so viel Macht, und deshalb bitte ich euch: Nehmt diese Macht ohne Angst und Sorge an. Euch wird dabei nichts geschehen – es wird nicht so sein wie damals, als ihr aufgrund eurer Kraft gejagt und geächtet wurdet. Lebt eure Macht der Liebe im Jetzt. Wisst ihr überhaupt, wie stark diese sein kann?

Ich weiß, dass es nur die Angst ist, die euch davon abhält, diese Macht endgültig zu leben. Die Angst davor, eure Fähigkeiten zu missbrauchen – sie sitzt tief in euch. Nun möchte ich euch eine Meditation als Hilfe anbieten, die euch davon befreit, Angst vor Machtmissbrauch zu haben. Denn mit einer einfachen, aber gewichtigen Regel werdet ihr eure Macht überhaupt nicht mehr missbrauchen können: Gebt immer nur bedingungslose Liebe, und niemals mehr werdet ihr andere Menschen negativ beeinflussen können. Es ist so einfach, euch ist nur häufig gar nicht bewusst, wie oft Menschen einander ohne diese bedingungslose Liebe beeinflussen und damit schaden können ... Seht in euer Herz und erkennt.

Neben der Angst vor Machtmissbrauch leiden viele von euch unter anderen alten Ängsten, die sie aus vergangenen

Leben mitgebracht haben; eine davon ist die Angst vor Verfolgung, die euch die folgende Meditation nehmen soll.

MEDITATION ZUR BESEITIGUNG
DER ANGST VOR VERFOLGUNG

Seht euch auf einem Hügel stehend, den Abhang hinunterblickend. Seht, wie dort ein Scheiterhaufen aufgerichtet wird – eine Person wird dort angebunden, das Holz entzündet.

Erkennt daneben ein Felsmassiv, direkt davor wird eine andere Person von einer Menschenmenge mit Steinen beworfen. Sie fügen ihr große, schmerzende Wunden zu.

Direkt daneben ein Galgen, einer Person wird der Strick um den Hals gelegt – und gleich wird sie hängen.

Seht dann das Schafott, auf dem eine Person liegt und ihren Tod durch das Beil erwartet.

Und nun, seht euch diese Szenarien an, traut euch. Seid ihr selbst es, die mit einer oder mehrerer dieser vier Methoden umgebracht wurden? Oder erkennt ihr vielleicht eine ähnliche Situation, die euch betraf?

Alle anderen Möglichkeiten verschwinden plötzlich, und ihr selbst seht euch dort, an der besagten Stelle. Und nun habt ihr die Macht, all dies umzuwandeln – ich bin hier und helfe euch jetzt dabei, in diesem Moment. Seht, wie Licht – helles, fast weißes Licht – die Situation oder die Situationen von oben überstrahlt. Es erhellt komplett das Dunkel – die Angst – die Wut – alles Negative wandelt sich. Das Licht wird violett, es brennt – lodert – in Liebe. Es löst die Situation komplett auf, wandelt sie um. Sie schwebt nach oben hinweg und ist plötzlich nicht mehr zu sehen, ihr fühlt euch befreit. Erkennt, ihr habt umgewandelt – erlöst – tief in euch wurdet ihr geheilt.

Was geschah gerade mit euch? Welche Gefühle hattet ihr? Wenn ihr nun Trauer empfindet, so lasst das Mitgefühl zu euch selbst zu. Wir sind bei euch, um die Trauer in Liebe zu verwandeln. Legt eure Hände auf das Herzchakra, solange es euch guttut, solange ihr das Gefühl habt, der Heilung im Herzen zu bedürfen. Ich bin bei euch, und ihr erhaltet meine Energie, um euer Herz zu heilen.

So hört denn nun meine Worte, die eure Inkarnation in Liebe betreffen. "Nichts wird so heiß gegessen, wie es gekocht wird!", so ein Zitat eurer Ebene. Wenn ihr im Vertrauen mit euch selbst seid, so wird nichts um euch herum überkochen, denn ihr werdet einfach "die Herdplatte abstellen" können.

Doch es gibt noch so vieles mehr, was ich euch heute sagen möchte. Es geht um Beeinflussung, um die Beeinflussung von euch durch andere Personen – und von anderen Menschen durch euch. Wie kann es dazu kommen? Warum ist es euch nicht möglich, davon Abstand zu nehmen? Maisha erkennt, dass sie auch dieses Mal durch eine lehrreiche Lektion gehen musste, um diese Fakten sinngetreu channeln zu können. Liebe Kinder, es ist wichtig, zuerst eigene Erfahrungen zu sammeln, um dann den Sinn des Ganzen verstehen zu können. Wenn ihr selbst in eurer Mitte seid, so kann nichts und niemand euch beeinflussen – dies gilt es zu erkennen und umzusetzen.

Doch es gibt Inhalte in eurer Aura, die ihr auflösen könnt, solltet ihr dazu bereit sein. Die nachfolgende Meditation wird euch dabei helfen, die atlantischen Zeiten aus eurem Zellgedächtnis zu löschen. Atlantis war nicht nur eine Zeit der Liebe und der Schöpfung, sie war in der Endzeit auch eine Inkarnation der Beeinflussung.

Oft ist es schwer, stark zu bleiben. Schwer zu erkennen, welche Gedanken und Gefühle die eigenen und welche die anderer Personen sind. Ihr habt und ihr wurdet – in Atlantis und meist auch in euren darauffolgenden Inkarnationen – beeinflusst.

Und deshalb fällt es euch heute so schwer, Abstand davon zu gewinnen. In eurer Aura sind diese Energien noch immer gespeichert, welche euer Verhalten so lange steuern, solange sie noch nicht erkannt oder geheilt wurden.

Es gab einmal eine Zeit, in der ihr andere verletzt habt und in der euch andere verletzen wollten und konnten. Die Energien wurden negativ verwendet, niemand war davor gefeit, es sei denn, er selbst ließ sich nicht zum Machtmissbrauch verleiten. Und darum geht es nun – es geht um den damaligen und um den jetzigen Missbrauch von Macht.

Lest diese Zeilen, und schließt dabei eure Augen – eure inneren Augen – und wenn es euch leichter fällt, gerne auch die äußeren. Um euch herum seht ihr einen Wurm schweben – einen feinstofflichen Wurm. Er hat das Aussehen, welches ihr ihm gebt, jedoch ist er wurmartig. Wie sieht seine Farbe aus? Ist er bunt, ist er dunkel, ist er rot, ist er grün? Sind es leuchtende Farben, die ihn umgeben? Registriert die Farbe, ohne darüber nachzudenken – sie ist egal. Stellt euch nun direkt vor den Wurm – er wird auch stehen bleiben. Seht ihm ins Antlitz, und bittet das göttliche Licht, nun herabzukommen. Bittet das Licht, dem Wurm zu helfen, damit er endgültig ins Licht gehen kann. Seht, wie die helle Lichtenergie den Wurm bestrahlt, und gebt ihn frei. Erlaubt ihm, ins Licht zu gehen, ihr braucht ihn nicht mehr. Entlasst ihn in die Freiheit. Nun bildet sich aus dem Licht ein Tunnel, der den Wurm nach oben gleiten lässt. Ihr seht ihn erstrahlen – und ihn sich dann auflösen.

Liebe Menschenkinder, erkennt, dass dies euer Wurm war. Er war bei euch und sorgte für Löcher in eurer Aura, durch die andere Energien euer eigenes Energielevel angreifen und somit reduzieren konnten. Seht nun eure Aura, ein helles Licht umschließt sie, umschließt jede Pore. Es ist das Licht der Liebe und des Schutzes. Solltet ihr aus Gewohnheit in die Energie anderer Personen, die euch manipulieren möchten, gelangen, so stellt euch dieses Licht um euch herum vor. Bittet es um Hilfe, und es wird der Manipulation von außen Einhalt gebieten. Beachtet dabei ebenfalls, dass auch ihr selbst niemals mehr andere Menschen manipulieren könnt, sobald ihr in der göttlichen Liebe seid.

Die karmischen Muster wurden gelöst in euch, sie bestanden als Erinnerung. Erlöst ihr selbst nun durch euer Verhalten die Beeinflussung in und um euch.

In Licht und Liebe,
Metatron

14. KAPITEL

SELBSTLIEBE IN KRISENSITUATIONEN

Ihr lieben Wesenheiten, manchmal gibt es Situationen oder Tage in eurem Dasein, an denen alles schiefzulaufen scheint. Hättet ihr gerne, dass alles wie am Schnürchen läuft, dass euch Liebe und Leichtigkeit zufallen? So seht, was in euch selbst in diesen Momenten angelegt ist. Ist es Leichtigkeit – ist es Liebe? Wenn dem nicht so ist, dann forscht nach und erkennt das Muster, das euch davon abhält. Indem ihr diese Faktoren um euch herum erlöst, könnt ihr euer wahres Selbst leben und zum Ausdruck bringen. Erwartet niemals, dass euch Glück und Liebe zufallen, solange ihr diese nicht in euch selbst tragt. Zuerst ist es wichtig, diese Zustände im Inneren zu erkennen, denn dann werdet ihr sie automatisch im Außen erhalten.

Ich weiß, dass ihr euch so manches Mal fragt, wie ihr dies erreichen könnt, solange euch das Außen absolutes Chaos spiegelt ... Denkt um. Nutzt diese Spiegelungen, und erkennt, welchen Illusionen ihr erliegt. Es wird ein Leichtes für euch ein, gerade mit diesen negativen Wahrnehmungen das Wissen in euch abzufragen und zu erkennen, was in euch noch der Heilung bedarf. Sobald ihr uns Engel bittet, euch dabei behilflich zu sein, werden wir euch anleiten, zu erkennen und zu erlösen. Es geht darum, in die Selbstliebe zu kommen, und das ist gar nicht so schwer, wie es zuerst scheinen mag.

Was ist Selbstliebe? Liebt ihr euch wirklich selbst, oder glaubt ihr nur, das zu tun? Wenn eure Selbstliebe wirklich vollständig ist, werden keinerlei Verletzungen von außen mehr erfolgen können.

Erkennt die Zusammenhänge. Eure Aura umhüllt euren Körper, doch eure Auren tragen noch Narben aus vergangenen Inkarnationen und Ereignissen des jetzigen Lebens. Heilt diese Defekte, und ihr werdet das Wachstum in und um euch nach und nach erleben können.

Oftmals gebt ihr anderen Menschen die Schuld an einem Verhalten, das ihr prinzipiell euch selbst gegenüber an den Tag legt. Ihr verlangt viel von euch und könnt es euch nicht nachsehen, wenn es auf einmal zu viel für euch wird. Ich würde euch niemals verurteilen, doch ich versuche aufzuzeigen, welche Wege ihr gehen könnt, um eine Überbelastung und Stress zu vermeiden. Was spiegeln euch die Reaktionen anderer Menschen? Werden eure Wünsche von anderen blockiert oder ignoriert? Oder ignoriert ihr euch oder eure Wünsche vielleicht sogar selbst? Weshalb erwartet ihr, dass andere euch das geben, was ihr euch selbst nicht geben könnt ... Ihr könntet es gar nicht annehmen, ihr würdet es von euch stoßen – oftmals sogar, ohne es überhaupt zu bemerken.

Wenn ihr erkannt habt, was euch das Vorankommen in Liebe erschwert, so seid ihr sicherlich auch bereit für die Auflösung. Ich möchte euch einen Rat geben, wie ihr das bewerkstelligen könnt.

Seht euch das Thema an, das euch zu schaffen macht. Seht nach, ob es euch eine Begebenheit in eurer Kinder- oder Jugendzeit spiegelt, es könnte auch sein, dass es ein Thema ist, das immer wieder hochkommt. Nun schließt eure Augen, und verpackt dieses gesamte Thema in einen Karton aus schwarzer Farbe. Wählt ihr eine andere Farbe, die diesem Thema gerecht wird, so ist dies auch in Ordnung. Wenn ihr nichts dagegen habt, so bin ich nun zugegen und werde euch helfen, von oben göttliches, weiß-goldenes Licht auf diese Situation herabzusenden. Der Karton wird nun von göttlichem Licht umhüllt, und langsam wird er immer heller. Seine Farbe kann sich dem göttlichen Licht nicht widersetzen, er wird heller und heller, die Ecken des Kartons verschwimmen langsam im Licht. Der Karton wird kleiner und kleiner, während er sich ganz langsam komplett im Licht der Liebe und Heilung auflöst.

Habt ihr Meinungsverschiedenheiten mit anderen Personen? Meist ist es so, dass sie euch etwas spiegeln, das nun zur Lösung bereit ist – wie im Inneren, so auch im Äußeren. Ich bitte euch, diese Transformation mit anderen Individuen vorsichtiger anzugehen, und das hat einen bestimmten Grund: Jeder Mensch hat einen eigenen Willen, und niemand darf diesen Willen beeinflussen. Aber ihr habt die Möglichkeit, euch selbst aus dieser belastenden Situation herauszuhelfen. Dabei ist es unerheblich, ob ihr selbst der Verursacher der Diskrepanzen seid oder ob es euer Gegenüber ist.

Bitte schließt eure Augen, und seht, wie ihr der betreffenden Person oder den betreffenden Personen gegenübersteht. Zwischen euch besteht ein dunkles Seil über den Solarplexus, es ist die negative Verbindung, die durch euch entstanden ist. Wie breit ist diese Verbindung? Es ist immer richtig, wie sie erscheint. Nun kann das göttliche Licht wirken, und wenn ihr darum bittet, wird es euch sofort gesendet. Oder bittet mich um Hilfe, dann werde ich ebenfalls bei dieser Loslösung zugegen sein und helfen. Das Licht tritt von oben in euer Herzchakra ein und erfüllt euer gesamtes Herz mit klarer Liebe. Die strahlende Energie weitet sich vom Herzen in euren gesamten Energiekörper aus. Erkennt, wie euer Kronenchakra am Oberkopf vom Licht erfüllt wird, erkennt, wie das Licht den Solarplexus erreicht, dann das zweite Chakra, das Sakralchakra unter dem Bauchnabel, das erste Chakra, das Wurzelchakra am Ende der Wirbelsäule auf der Höhe des Steißbeines, die Oberschenkel- und Kniechakren, die Fußchakren und auch das Erdchakra, welches die Verbindung zum Erdmittelpunkt hält und euch erdet. Schaut euch nun die negative Verbindung an, die zwischen euch und der Person oder den betroffen Personen besteht. Sendet die lichtvolle Energie durch euren Solarplexus auf das dunkle Seil. Hört nicht auf damit, sie weiterzusenden, sie fließt mit Leichtigkeit in das ganze Seil und löst es auf, es zerfällt völlig zu Staub. Euer Gegenüber wird die Energie nicht spüren, doch er oder sie wird bemerken, dass ihr euch von der Angriffsfläche losgelöst und entfernt habt.

Zum Schluss werdet ihr automatisch eins werden mit dem Licht, das aus dem Göttlichen kommt. Ihr werdet euch dem Licht anpassen, das sich nach oben hin auflöst – ein Blitz bildet sich daraus und kommt zurück in euer Herzchakra im Hier und Jetzt. Die betreffende Person oder auch die Mitspieler können den Schauplatz nun ebenfalls verlassen. Der Blitz ist die aus dem Geschehen herausgelöste Energie, die euch nun wieder zur Verfügung steht.

Etwas möchte ich gerne noch hierzu erwähnen: Das, was ihr soeben getan habt, wird sich in diesem Leben manifestieren. Durch Bewusstseinsarbeit habt ihr die Möglichkeit und die Chance, euer Leben und das eurer Mitmenschen auf die bestmögliche Art und Weise in Licht und Liebe umzuwandeln. Ihr kennt diese Vorgänge, in jedem von euch steckt ein Magier oder eine Zauberin. Lasst es nicht zu, dass ihr selbst euer Licht nicht lebt oder dass euch irgendjemand davon abhält. Es ist Magie und es ist die Wahrheit, beides hat schon immer in euch existiert. Nicht ich bin es, der Veränderungen in eurem Leben bewirkt, sondern ihr selbst seid die wahren Magier eures Lebens.

Es kann sein, dass die umgewandelte Energie noch einmal hochkommen wird in eurem Leben, um dann komplett transformiert zu werden. Danach werdet ihr erkennen, dass sich sehr vieles zum Besseren gewendet hat. Oft ist es aber auch so, dass die Energie sofort wirken konnte und keinerlei ähnliche Strukturen mehr auftauchen werden.

Ihr lieben Wesenheiten, wie oft habt ihr das Gefühl, ihr würdet euch gerne mehr mit euch selbst und auch mit den Infos (und der Durchführung) beschäftigen, die euer energetisches Wachstum betreffen – doch euch fehlt die Zeit. Euch fehlt die Zeit für euch selbst, und wenn ihr sie habt, dann seid ihr häufig zu müde, um nach innen zu sehen – denn auch dies kann natürlich anstrengend sein. Doch wisst, nur ihr selbst könnt die Aufteilung eurer Zeit beeinflussen ...

Ihr habt die Macht, den Stress und die Menge eurer Arbeit zu beeinflussen – in eurem Inneren. Alles, was im Inneren erlöst wird, wird auch im Außen gelöst sein. Ihr kennt nun Werkzeuge, die ihr anwenden könnt. Löst euch von festgefahrenen Mustern und von allem, was ihr nicht mehr mit euch in Einklang bringen könnt oder wollt. Traut euch, das Leben mit völlig anderen Augen zu betrachten, denn ihr allein seid die Macher eures Lebens. Freut euch über die vielfältigen Möglichkeiten, die sich euch mit diesem Wissen darbieten, und wendet sie an – ihr werdet es nicht bereuen. Habt keine Angst davor, euch ein schönes Leben einzurichten. Hört auf, ständig nur Stress und Sorge zu empfinden.

Dazu muss ich euch sagen, dass ihr zu diesen jetzigen Zeiten sehr viel transformiert, da sich die Erde und euer Selbst neu ausrichten. Doch es geht darum, zu wissen und zu erkennen, dass ihr die Möglichkeiten habt, dies einfacher zu bewältigen. Es ist niemals vorgesehen gewesen, dass ihr tagein und tagaus arbeitet. Nein, ihr Lieben, und dieses Thema kann sich in der neuen Energie auch gar nicht halten. Jeder wird nur so viel arbeiten, wie es dem Ausgleich unter allen Individuen entspricht. Dies impliziert neue Möglichkeiten des zwischenmenschlichen Kontaktes und der Hilfe untereinander. Denn oft scheinen die Menschen kaum Zeit und Energie zu haben, sich untereinander Unterstützung zukommen zu lassen. Doch dies wird sich ändern, und ihr werdet genügend Geld und Möglichkeiten erhalten, um euer Leben in Freude zu genießen. Es wird in eurer nahen Zukunft keine Großkonzerne mehr geben, alles wird aufgeteilt werden in Licht und Liebe. Und das Wichtigste dabei ist, dass ihr alle es genießen werdet, so zu leben, wieder Zeit für euch und eure Lieben oder eure Hobbys zu finden. Glaubt und vertraut – und versucht am besten vorauszugehen, um anderen Menschen ein leuchtendes Beispiel zu sein.

Auch wenn ihr viel Stress habt – es gibt immer eine Möglichkeit, diesen abzuschwächen. Wenn ihr Stress auf der Arbeit habt, versucht, trotz des Stresses einen klaren Kopf zu bewahren, arbeitet in Ruhe weiter – die Betonung liegt dabei auf dem Wort "Ruhe" – und bittet uns gegebenenfalls um Hilfe. Ihr werdet bemerken, dass Stress dann kein Dauerzustand mehr sein wird.

Wie genau das geschieht, ist hierbei irrelevant, das Universum und wir Engel werden uns darum kümmern. Doch wir brauchen eure Erlaubnis dazu, eingreifen zu dürfen. Nutzt euer Wissen, und wendet diese Schritte an. Bestimmt für euch selbst Ruhe und Ausgeglichenheit, bestellt euch Frieden.

Was ihr transformieren könnt, wird zu gegebener Zeit hochkommen. Erkennt dies als Lernerfahrung, und wandelt diese um. Ihr seid euer göttlicher Erschaffer eures eigenen Lebensbauplanes. Wir helfen euch dabei – und wir senden euch Zeichen, wenn ihr bereit seid, diese zu erkennen. Seht euch eure Umwelt an, die Reaktionen eurer Mitmenschen und alle Situationen, die euch umgeben. Auch eure Haustiere spiegeln euch durch ihr Verhalten. Wandelt um, in Licht und Liebe, und ihr werdet erkennen, dass ihr danach nichts mehr negativ beeinflussen werdet.

Ein jeder Gedanke ist reine Energie, und dieses Wissen könnt ihr euch zunutze machen. Helft anderen Menschen zu erkennen und versucht, das Wissen anzuwenden, indem ihr aufhört, negativ über andere Wesen zu denken. Geht den Weg vor, viele Menschen werden euch allein aufgrund eurer Ausstrahlung folgen. Geht liebevoll mit den Leuten um, es gibt sehr wenige Menschen, die dieses Licht nicht annehmen werden. Bei diesen Leuten werdet ihr nach außen hin wenig bewirken – im Inneren kann es jedoch ganz anders aussehen, und in euch selbst bewirkt ihr ohnedies sehr viel.

Manche Menschen möchten in der alten Energie bleiben, da sie es für diese Inkarnation noch nicht oder erst später vorgesehen haben zu transformieren. Erkennt und respektiert diesen Wunsch in Liebe.

Es dauert nicht lange, euch diverse belastende Situationen vorzustellen und Liebe darauf zu schicken. Seht sie vor euch, die Menschen und Situationen, und wandelt alles in Licht um. Ihr werdet den Erfolg spüren! Schreibt es euch auf, damit ihr euch dann ebenfalls notieren könnt, wann dieser Wandel stattgefunden hat – es hilft, euren Glauben an euch und an die Energien um euch herum zu stärken.

Ihr habt so viel Macht in euch. Nutzt diese Macht in Liebe, und ihr werdet den Unterschied in eurem Leben spüren. Ihr werdet lernen, euer Leben bald in Leichtigkeit zu regieren. Ja, ihr selbst regiert euer Leben, niemand sonst tut es.

Nutzt dieses Wissen für euch. Tut es nicht für andere, nicht für uns Engel, nicht für die Erde, nicht für eure Familien – sondern tut es in erster Linie für euch selbst. Denn wenn ihr euch selbst liebt, wenn ihr euch selbst helft, so helft ihr gleichzeitig allen anderen – und der Erde.

In Licht und Liebe,
Metatron

15. KAPITEL

PARADIGMENWECHSEL

Liebe Wesenheiten, seid gegrüßt. Heute will ich euch etwas zum Kontakt mit der jenseitigen Ebene erklären – ich hoffe, dass euch damit viele Ängste dahingehend genommen werden. Denn die meisten von euch fürchten leider immer noch den Kontakt mit uns, sie fürchten sich vor negativen Erfahrungen oder unklaren Durchsagen. Doch glaubt mir, ihr Lieben, dies ist nicht möglich, wenn ihr diese Befürchtungen als unwahr erkennt. Ihr selbst könnt diesen Kontakt manifestieren. Wenn ihr allerdings Täuschung/Selbsttäuschung aussendet, so werdet ihr dies auch erhalten – dies ist das kosmische Gesetz der Ordnung. Es muss so sein, alles ist genauestens definiert. Doch sicherlich fragt ihr euch, wie es sein kann, dass diese Ängste in euch herrschen, auch wenn euch das Prinzip so klar erscheint. Ich möchte euch gerne helfen, euren Zugang zu vereinfachen und Vorurteile und Ängste fallen zu lassen.

Ihr Lieben, ich kann verstehen, dass es euch anfänglich schwerfällt, mit uns in Verbindung zu treten. Vielleicht legt ihr die Zeichen falsch aus oder nährt die Ängste, die tief in euch sitzen, durch Unwissen. Ich bitte euch deshalb zu erkennen, dass alles, was in euch geschieht, durch euch beziehungsweise die Umstände um euch herum gespiegelt wird. Erkennt in Liebe an, dass ihr es seid, die vielleicht Probleme damit haben, den Kontakt mit der geistigen Welt zuzulassen. Wir sind keine "Gespenster", vor denen ihr Angst haben müsstet, auch Verstorbene wollen euch niemals bewusst etwas Böses. Ihr selbst zieht durch unerlöste, nichtlichtvolle Emotionen Negatives an. Erkennt diese Angst, um sie sodann bewusst umzuwandeln – und ich sage euch hiermit, dass ihr alle uns hören könnt. Ihr habt alle Möglichkeiten, eure feinstofflichen Antennen auszufahren und auf Empfang einzustellen. Denn ja, so ist es ... Bitte zürnt mir nicht, wenn ich euch nun mit einem Funkgerät oder mit einem Radio vergleiche – doch das ist wohl der Gegenstand in eurer Umgebung, der den Vorgang am treffendsten beschreibt. Das Radio empfängt bestimmte Sendungen, und ihr selbst legt fest, ob ihr Mozart, Rock, Pop, Hip-Hop, Volksmusik oder Nachrichten hören möchtet. Ebenso geschieht dies im feinstofflichen Bereich. Wenn ihr euer Interesse bekundet und die Möglichkeit annehmt, euch einen zusätzlichen Sender zu suchen, so wollen wir unser Bestes dabei tun, damit der Empfang so ungestört wie möglich erfolgen kann. Ich bitte euch jedoch, niemals ungeprüft anzunehmen, was ihr empfangt. Und doch behaupte ich wieder, dass es keine Unwahrheiten gibt. Denn alles, was für euch zählt und richtig ist, das ist es auch.

Was hemmt euch wirklich, mit uns in Kontakt zu treten? Warum ergreift ihr immer noch eher selten die euch dargebotene Chance? Es ist die Angst, durch vermeintlich unbekannte Mächte beeinflusst zu werden. Doch dazu muss ich euch leider noch etwas sagen – beziehungsweise ich werde euch nun die Illusion rauben müssen (Metatron lächelt) ... Alles, was um euch herum geschieht, alles, was ihr in den Nachrichten aufnehmt, was ihr in den Zeitungen lest, was eure Fernsehsender zeigen, was eure Freunde oder Verwandten sagen – all dies beeinflusst euch ... und ihr lasst es zu, dass es euch beeinflussen kann. Ihr nehmt sehr oft die Durchsagen anderer an, ohne sie gewissenhaft für euch zu prüfen. Ihr empfindet sie als richtig, wenn derjenige, der sie abgibt, überzeugend klingt und selbst an seine Wahrheit glaubt. Doch erkennt, nur weil es seine

Wahrheit ist – oder nur weil viele Nachrichtensender die Informationen verkünden –, muss es noch lange nicht eure Wahrheit sein!

Ihr Lieben, glaubt an euch. Sobald ihr an euch selbst glaubt, werdet ihr auch den euch durchgegebenen Informationen Glauben schenken können. Lasst die Gedanken aus dem Spiel, macht euch innerlich leer – und dann seht, was kommt. Nehmt die Gedanken, die euch gegeben werden, ernst – vielleicht sind es Worte oder Sätze, vielleicht sind es Bilder – und empfangt, indem ihr nichts erwartet. Ich weiß, dass sich das nicht so einfach anhört, doch es ist noch kein Meister vom Himmel gefallen. Ihr werdet es spielerisch lernen können. Sprecht mit uns, und ihr erhaltet Antworten – egal auf welche Art und Weise, aber die Antworten werden kommen. Vielleicht habt ihr die Gabe zu channeln – es wird sich zeigen, und es ist nicht mehr schwer für euch. Erwartet nichts und seid nicht enttäuscht, sollte vielleicht nicht sofort ein Erfolg vorzuweisen sein. Ist euer Kopf zu voll, so überfordert euch nicht, morgen ist auch noch ein Tag.

Ihr lieben Wesenheiten, nun ist es an der Zeit, dass ihr Bindungen löst, die euch davon abhalten, in eure Energie zu kommen. Es ist an der Zeit, eure Ängste vor dem energetischen Umfeld aufzulösen, denn es besteht, ob ihr es euch eingesteht oder nicht. Dazu möchte ich gerne eine Meditation mit euch machen, die eure Angst ein wenig zu mildern vermag. Wenn ihr könnt, dann lasst euch darauf ein, ihr werdet gewiss nicht zu Schaden kommen.

Viele von euch haben damals und auch heute (manchmal völlig unbewusst) negative Erfahrungen mit Energien gemacht, und nun verschließen sie sich davor. Doch dieses Verschließen schützt euch nicht vor Situationen, die euch umgeben, sondern macht euch auf Dauer krank. Denn die Erdenergien haben sich gewandelt, wie ihr sehr wohl wisst. Die Erde ist selbst dabei, sich zu transformieren, und ihr befindet euch auf ihr, bereit, ihrer Weiterentwicklung zu folgen. Deshalb bitte ich euch um eurer selbst willen, euch gedanklich zu öffnen für die Liebe, die um euch herum ist und vor der ihr euch bislang verschlossen habt, die ihr abgetrennt von euch betrachtet habt – zu angsterfüllt, um sie in euer Herz zu lassen. Ihr habt Angst vor den Emotionen, die schmerzhaft und doch heilsam aus euch hervorströmen könnten. Emotionen werden verwandelt, doch dazu müssen sie ans Licht gebracht werden. Lasst es zu, dass sie geheilt werden können – dass ihr geheilt ins Licht blicken könnt.

Seht euch selbst vor euch stehen, und seht in euer Herz. Dort, wo euer Herz sein sollte, ist ein großes rundes Loch, es ist dunkel, vielleicht ist es durchsichtig oder auch grau – vielleicht seht ihr auch ein ganz normales Herz. Doch in ihm gefangen sind die nicht gelebten Emotionen vergangener Leben, die sich euch in diesem Leben noch einmal darbieten. Ich bitte euch, erlaubt mir, meine beiden nun vor euch zu sehenden Hände energetisch vorne und hinten auf eurem Herzchakra zu platzieren. Erlaubt mir, die Energie der Umwandlung in euer Herz zu lenken, es ist eine helle, fast weiße Energie.

Verharrt einen Augenblick so – so lange wie ihr es als richtig empfindet. Euer Herz wird nun mit bedingungsloser Liebe durchflutet, ihr seid und wart immer angenommen im großen Weltenlauf. Es ist egal, was dabei geschehen ist, es ist egal, ob ihr jemanden umgebracht habt, ermordet wurdet, krank oder verwirrt wart, ob ihr in Liebe oder in Hass gelebt habt – ihr alle hattet viele Leben, die ihr selbst erfahren wolltet. Und ja, erkennt, dass es die Erfahrung war, die ihr zu machen bereit wart. Und auch dieses Mal ist es eine Erfahrung, dies alles nun erkennen und auflösen zu dürfen, wenn ihr dazu bereit seid. Spürt die tiefe Liebe, die durch euer Herz strömt – es ist nicht meine Liebe, nein, es ist unser aller Liebe, die kosmische Liebe des Bewusstseins und der Wahrhaftigkeit. Alles, was nicht mehr identisch scheint mit eurem Seelenleben, wird nun erlöst werden. Wenn Emotionen kommen, lasst sie zu, lebt eure Emotionen. Erkennt sie, erkennt den Zusammenhang – und lasst Heilung geschehen.

Wenn ihr bereit seid und es so weit ist, dann nehme ich die Hände wieder weg, doch wisst, sie bleiben so lange auf eurem Herzchakra liegen, wie es für euch angebracht ist – ohne dass ihr etwas dafür tun müsstet.

Doch es gibt noch etwas zu sagen, das euch für eure Weiterentwicklung dienlich sein kann. Jedes Vorleben, das euch irgendwann einmal zu Schaden kommen ließ oder das andere zu Schaden kommen ließ, zeigt sich nun in eurem Bewusstsein. Dies war auch vorher – ich meine vor dieser Situation – immer schon der Fall gewesen. Doch ich bitte euch, genauer auf die Situationen in eurem Alltag und auch im Traumgeschehen zu achten, denn sie zeigen euch die Traumen der Vorleben auf. Ihr habt sodann die Möglichkeit, diese im Hier und Jetzt zu erlösen – komplett zu erlösen. Ihr werdet es erkennen, wenn sie gelöst wurden – in euch sowie in eurem Umfeld mit den jeweils betroffenen Personen.

Ich möchte euch nun noch einen Tipp geben, wie ihr damit umgehen könnt, sobald ihr ein Vorleben oder eine Situation erkennt. Bitte beachtet, dass dies ein Rat, ein Hinweis ist. Niemand von euch ist angehalten oder gezwungen, irgendetwas lösen zu müssen. Doch ihr werdet erkennen, dass es eurem Wachstum ungemein dienlich ist und nebenbei auch euer seelisches Wohlbefinden steigert.

Seht die Situation vor euch, die euch belastet oder die euch einen Hinweis gibt. Manchmal sind es auch Sätze aus dem Mund eurer Mitmenschen, die euch stutzen und erkennen lassen. Kleine Hinweise, die euch zu denken geben. Setzt euch hin, es reicht, eine ruhige Minute zu haben. Bittet eure Schutzengel, gerne auch mich, um Hilfe und Information, mit welcher Begebenheit aus einem Vorleben nun der Spiegel zu euch kommen darf. Schließt die Augen und stellt euch vor, wie ihr tief in euer Herz seht. Erkennt, was dort erscheinen wird, kann und darf sein. Seid nicht verzweifelt, solltet ihr nicht sofort etwas erkennen, wir werden euch helfen, den Spiegel zu empfangen – irgendwie, so ihr bereit dazu seid. Seht die Situation im Vorleben, und bittet die Personen, die daran beteiligt waren, um Vergebung – doch das Wichtigste dabei ist, euch selbst zu vergeben. Im umgekehrten Fall gilt dies natürlich ebenfalls, nicht immer wart ihr der "Schuldige" im Spiel des Lebens, sondern manchmal auch das "Opfer".

Bittet mich oder einen Engel eurer Wahl (später könnt ihr dies auch allein) um das göttliche Licht der bedingungslosen Liebe. Sprecht die Beteiligten in eurer Meditation darauf an, dass ihr die bestehenden Probleme oder Herausforderungen in diesem Leben auf Seelenebene vereinbart hattet, doch dass es nun an der Zeit ist, alles aufzulösen, so sie es erlauben. Die Seelen der betroffenen Personen werden meist einwilligen, denn sie kennen die erlösenden Energien. Und nun sprecht alle gemeinsam: "In Licht und Liebe und Heilung." Immer wieder.

Währenddessen wird das Licht der Heilung auf euch herabströmen, auf das ganze Vorleben beziehungsweise die Situation, die nun umgewandelt wird in Licht und Liebe. Ihr werdet sehen und ich bitte euch, dabei in eurer Vorstellung etwas mitzuhelfen, wie das Licht alles durchflutet, um dann irisierend und glitzernd Negatives zu erlösen. Die Situation geht plötzlich komplett nach oben und geht völlig ins Licht über. Es lösen sich die einzelnen Seelenaspekte der beteiligten Personen daraus, die in diesem Vorleben "feststeckten", und der gelöste Aspekt geht an die jeweilige Person zurück. Die Seele wird dadurch gestärkt. Jedes Auflösen von erkannten Mustern hilft den an den karmischen Verstrickungen beteiligten Personen. Probiert es aus, staunt und wundert euch!

Solltet ihr einmal ein Vorleben haben, das sich nicht auf diese Art und Weise lösen ließ, so liegt das darin begründet, dass noch eine ähnliche Begebenheit in einem anderen Vorleben besteht. Seht euch dieses in der Meditation an und bittet um Lösung. Nehmt an, was hereinkommt, auch wenn es euch noch so kurz oder unscheinbar vorkommt. Indem ihr dies dann löst, wird das andere Geschehen ebenfalls befreit.

Und nun, macht euch auf mit diesem Wissen, eure Seele zu befreien.

In Liebe und Freiheit,
Metatron

16. KAPITEL

REINKARNATION

Ihr lieben Menschenkinder, Reinkarnation ist etwas, womit sich euer Geist immer wieder beschäftigt. Was geschieht nach dem Tod mit dem psychischen Körper, mit der Seele, mit all euren Gedanken, Eigenschaften, mit eurem Wissen? Stirbt der Körper und ihr seid tot, oder lebt irgendetwas in euch weiter? Und selbst wenn es so wäre, wie sieht dieses Leben dann aus? Kann das Leben nach dem Tode wirklich so völlig anders, fern der Realität sein, die ihr heute kennt? Oder kommt ihr immer wieder auf diese Welt, ist es sozusagen ein unendlicher Vorgang, in dem Entwicklung nötig ist? Und was geschieht, wenn ihr irgendwann so weit entwickelt seid, dass ihr gar nichts Neues dazulernen könnt? Fragen über Fragen ...

Meine Lieben, ich bitte euch wieder, nur das anzunehmen, was für euch stimmig ist. Und das einfach aus dem Grund, um Blockaden zu vermeiden, denn nichts ist vorbestimmt – ihr allein bestimmt eure Umwelt durch eure Gedanken. Auch darauf werde ich in einem anderen Kapitel näher eingehen. Um aber bei unserem Thema zu bleiben, ich verstehe eure Unruhe, eure Angst. Ihr kamt auf diesen Planeten als Kinder, deren Bewusstsein mit der Geburt von 100 Prozent Erkenntnis auf ungefähr 30 Prozent herabgefahren wurde – und mit jedem Lebensjahr meist weiterhin abnahm. Im Laufe der Zeit habt ihr oft all das vergessen, was vorher wichtig für euch war.

Was sind Vorleben, ihr Lieben, gibt es wirklich Vorleben? Es wäre nicht richtig von mir, eure Sichtweise verändern zu wollen, aber ich kann euch unsere Sichtweise erklären. Wir Engel leben in einer Ebene, die für euch im normalen Alltagsgeschehen eigentlich noch nicht zugänglich ist. Ich sage "eigentlich", denn immer mehr Wesen erweitern ihr Blickfeld, und sie erkennen, dass wir immer um euch herum sind, sobald ihr an uns denkt. Ihr versteht nicht, wie dies möglich sein soll? Gedanken sind Energie, und dieser Energiestrom ruft uns herbei, sobald ihr euch auf uns konzentriert.

Auch wenn ihr – vielleicht – noch nicht die Möglichkeit habt, uns klar zu erkennen, so sind wir dennoch immer um euch – oft auch, wenn ihr uns nicht ruft. Doch durch eure klare Intention ist es euch möglich, uns und unsere unbegrenzten Energien "anzuzapfen" – was durchaus nicht negativ gemeint ist – und uns herbeizurufen. Ihr werdet erkennen, dass es euch besser gehen wird, wenn ihr unsere Hilfe zulasst und annehmt.

Doch nun bin ich kurz vom eigentlichen Thema abgeschweift. Es geht darum zu erkennen, dass all eure Vorleben im Grunde nicht "vorher" stattfanden. Was ich damit meine, liegt auf der Hand. Es ist momentan nicht leicht zu verstehen, dass die Zeit, wie ihr sie kennt, eigentlich nur für diesen Planeten projiziert wurde, also eigentlich gar nicht besteht. Diese Leben sind wahrlich Vorleben, und ihr habt Hunderte und mehr davon, ihr seid alte Seelen. Doch nimmt man die Zeit beiseite, so liegt Leben an Leben, dann geschieht jedes Leben synchron neben dem anderen. Eure Seelenebene weiß um das Geschehen, und sie erkennt Hemmnisse sowie Hindernisse, die in diesen Leben entstanden sind und euch heute noch beschäftigen. Die Ereignisse, die euch immer wieder treffen, sind vielfach solche, die einfach aus noch laufenden Inkarnationen bestehen. Es geht in dieser Zeit darum, diese Seelenanteile nach und nach zu integrieren, sie aus diesen parallel laufenden Leben herauszusondern und in Liebe anzunehmen. Ihr werdet stärker werden, und ihr werdet spüren, wenn diese Anteile erkannt und in euch sind. Situationen, die euch vorher belasteten, vielleicht Schuldgefühle, sind plötzlich nicht mehr vorhanden.

Wir Engel erkennen immer mehr, dass ihr Menschenkinder euch aufmacht, das Fürchten zu lernen – Engelgrins. Bestimmt kennt ihr das Märchen *Von einem, der auszog, das Fürchten zu lernen* noch aus eurer Kinderzeit. Liebe Menschen, ihr müsst wissen, dass jedes Märchen eine tiefere Bedeutung hat. Sie wurden gechannelt, diese Geschichten, oftmals unbewusst von den damaligen Verfassern. Erkennt und integriert den Sinn dieser Märchen, wenn ihr euren Kindern aus den Büchern vorlest. Es geht oft darum, dass ihr immer genau das anzieht, was ihr gerade im Begriff seid zu tun. Ich meine hiermit, dass eure Energie gleichwertige oder ähnliche Energien anzieht. Bestimmt habt ihr euch schon oft gefragt, wie es sein kann, dass ihr gerade einen bestimmten Gedanken im Kopf habt – und euch dann Situationen aufgezeigt werden, die euch helfen, diesen Gedanken in die Tat umzusetzen. Das ist das Gesetz der Resonanz, der Anziehung, das immer wirksam ist – egal, ob ihr es bewusst erkannt habt oder nicht. Nichts geschieht zufällig, auch wenn euch das manchmal etwas sonderbar erscheint. Dies ist auch der Grund, weshalb ihr nun dieses Buch lest, oder es ist der Grund, weshalb euch in einem besonderen Abschnitt eures Lebens bestimmte Personen oder Situationen begegnen. Erkennt hierbei, dass ihr mit dieser Macht arbeiten könnt, wenn ihr sie euch bewusst zu eigen macht. Erkennt, dass ihr Freude, Liebe, doch leider auch Ängste und Blockaden anziehen könnt. Deshalb ist es aber auch möglich, diese Blockaden oder Ängste zu bearbeiten. Seht sie euch an, um dann zu wissen, welcher Denkfehler euch unterlaufen ist. Ihr habt dadurch die Möglichkeit – oder nein, ich sage besser: Dadurch besteht die Notwendigkeit –, durch das bewusste Erkennen in Liebe den

Verarbeitungsprozess zu beginnen. Und, ihr lieben Kinder, sobald etwas verarbeitet wurde, werdet ihr es nicht mehr anziehen, denn euer Energiekörper hat Heilung erfahren. So einfach sind unsere kosmischen Gesetze, doch leider ist es trotzdem oft schwer für euch, sie zu erkennen und anzuwenden.

Wir wissen, welche Schwierigkeiten und Blockaden sich euch in den Weg stellen, und deshalb bieten wir euch unsere Unterstützung an. Doch wir Engel dürfen nur eingreifen, wenn ihr uns darum bittet. Darum zögert bitte nicht, in einem schweren Augenblick eures Lebens nach uns zu rufen und uns um Hilfe zu bitten. Wir werden sofort – ich sollte besser sagen: zu gegebener Zeit – eingreifen. Und das in genau dem Maße, das gerade richtig ist für euch, und auf genau die Weise, die ohnehin auf eurem Weg liegt. Vielleicht fragt ihr euch dann plötzlich, weshalb euch ein bestimmter Gedanke nicht schon früher eingefallen ist, euch fällt etwas wie "Schuppen von den Augen" ... Oder ihr beschwert euch darüber, dass ihr keine Hilfe erhalten habt, das Problem scheint zu eskalieren ... Doch versteht bitte die Hintergründe, denn es gibt Energien, die durch Umwandlung reifen wie eine überreife Frucht – und dann aufplatzen. Sobald dies geschehen ist, werdet ihr bemerken, dass es euch viel besser geht, der Dampf ist raus – ihr wisst, was ich meine, entschuldigt bitte meine Umschreibung.

Nun, welche Auswirkungen würde ein Umwandeln der verschiedenen Vorleben auf euch haben, ihr lieben Menschenkinder? Ihr werdet erkennen, dass sich euer Leben dadurch stark vereinfachen wird. Es gibt Situationen, die auf euch zukommen, die euch richtiggehend anschreien werden – ihr werdet sofort Zusammenhänge erkennen können, ihr werdet bemerken, dass sich Situationen aufgrund eines sogenannten Vorlebens gebildet haben.

Um nochmals auf die Bezeichnung "Vorleben" zurückzukommen: Ich sprach ja bereits von den Parallelitäten, die in den Zwischenwelten verlaufen. Es ist so, dass die Zeit nur in eurem Verständnis linear gemessen wird, in Wirklichkeit gibt es jedoch keine festgelegten Zeiträume, denn alles läuft gleichzeitig und nebeneinander ab. Aus diesem Grund ist es auch gar nicht möglich, dass ein oder mehrere Leben hintereinander verlaufen – dies stellt sich nur im Zeitempfinden auf der Erde, dem Planeten des Lernens, so dar. Wir mussten eine Richtung vorgeben, an der sich die Menschen orientieren können. Nur aus diesem Grund ist es möglich, eine Weiterentwicklung in der Akasha-Chronik zu protokollieren.

Die Akasha-Chronik zeichnet euren Lebensverlauf auf – den Verlauf und gleichzeitig auch die Wahrscheinlichkeiten, die eine Seele für sich gewählt hat. Alles, was euch angeht, jedes Gefühl, jede Tat und jeder einzelne Gedanke, ist in der Akasha-Chronik zu ersehen. Indem ihr dieses Wissen nun erhaltet, habt ihr die Möglichkeit, einen von euch festgelegten Verlauf zu verändern – und nichts anderes tut ihr, wenn ihr die verschiedenen Lebensebenen bearbeitet. Jeder Mensch hat einen bestimmten Grundmechanismus – ich weiß, dies klingt etwas emotionslos, doch ich wüsste nicht, welches eurer Worte diesem Sachverhalt nahekommen würde. Dieser Mechanismus ist das Karma, die karmischen Grundlagen, die ihr immer wieder gewählt habt für eure Lebensthemen. Doch diesem relativ festgelegten Verlauf könnt ihr nun entkommen, indem ihr die kosmischen Gesetze in eurem Sinne anwendet.

Durch das Auflösen belastender Situationen werden die Wahrscheinlichkeiten eures Lebens verändert, und eure Gefühle verlassen das Rad der Wiedergeburt. Ja, es hört sich seltsam an, doch das ist es, was ihr immer wieder wolltet. Denn solange eure Gefühle und Leidenschaften – oder auch Leiden – dieselben bleiben, so lange habt ihr keine Möglichkeit, diesem Verlauf zu entkommen.

Doch nun bitte ich euch, keine Angst auszusenden – ihr seid nicht gefangen, nein. Es war euer Wunsch, diese Leben zu kreieren. Und wenn ihr bereit seid, so ist es euer Wunsch weiterzugehen. Wir sind für euch da, und auch dies war euer Wunsch. Erkennt eure Gedankenformen, und erkennt, in welchen Situationen sie euch immer wieder zurückfallen oder straucheln lassen. Alles, was ihr erkannt und entlarvt habt, kann gehen. Freut euch auf die Freiheit eurer Gefühle!

Nun möchte ich euch noch etwas zum Thema "Schutz" erklären. Aus aktuellem Anlass (Maisha ging wie immer durch diese Erfahrung) möchte ich euch heute Folgendes berichten: Wenn ihr in euren Meditationen oder um euch herum eine dunkle Wand, eine Mauer, einen Nebel, Figuren oder Kreaturen erblickt, die versuchen, euch zu ängstigen, so bittet um unsere Hilfe, und sie können euch nichts tun. Schützt euch mit Liebe, und schützt euch mit Wissen. Nur törichte und ängstliche Menschen können wirklich von ihnen angegriffen werden. Es sind Menschen, die meinen, es mit negativen Energien aufnehmen zu können, indem sie selbst eigene Geschütze zur Verteidigung auffahren, obwohl sie der Energie kräftemäßig vielleicht unterlegen sind oder sich in ihrer Angst rein gar nicht schützen. Ihr lieben Wesen, versteht doch, dass es nichts gibt, was euch schaden könnte, wenn ihr nur in der reinen göttlichen Liebe seid. Denn die Liebe ist die höchste Macht, und der Kampf verliert immer – auch wenn es manchmal zuerst einen anderen Eindruck macht auf eurer Ebene. Die karmischen Gesetze schlagen immer zu – und nur der Wissende kann ihnen entkommen.

Deshalb bitte ich euch, in solchen Situationen IMMER Kontakt mit mir und Erzengel Michael, gerne auch mit eurem Schutzengel aufzunehmen. Wir werden euch mit Liebe beistehen, sofern ihr dieser bedürft. Habt ihr diese Liebe in euch integriert, so kann euch nichts und niemand angreifen, auch ohne unsere Hilfe werdet ihr sehr gut zurechtkommen. Es wird kein Angriff mehr erfolgen.

Nebenbei sei erwähnt, wie wichtig es ist, diese Information ganz fest in sich zu verankern. Wenn ihr über genügend Selbstliebe verfügt, dann wird euch so leicht nichts und niemand mehr erschüttern können. Probiert es aus – ihr kennt die Tage, an denen ihr völlig gefestigt erscheint. Dies sind Tage, an denen ihr euch der karmischen Grundlagenforschung entzieht. Doch sobald ihr nicht mehr in der reinen Liebe seid, geht es darum, die Ursache, die in euch begründet liegt, zu erkennen. Habt ihr sie dann erkannt, so wird sie euch bald nicht mehr verwirren.

Zur Selbstliebe gehört auch das Körperselbst. Wie nährt oder wie pflegt ihr euren feststofflichen Körper? Nicht nur der feinstoffliche Leib bedarf der Aufmerksamkeit, auch euer hier inkarnierter Körper bedarf der liebevollen Pflege. Mit welchen Pflegemitteln duscht ihr euch? Mit welchen Mitteln putzt ihr eure Zähne? Welches Deodorant oder Parfüm benutzt ihr, wie wascht ihr eure Wäsche oder spült ihr euer Geschirr? Um noch weiterzugehen: Welche Mittel mutet ihr eurer Umwelt – der Erde, also euch selbst – zu? Ihr lebt auf der Erde, ihr wachst mit der Erde – ein jeder Körper wird irgendwann zur Erde – im "Normalfall" jedenfalls. Weshalb meint ihr, der Erde oder euch selbst Gift zuführen zu müssen? Benötigt euer Körper chemische Reinigungsmittel, die den Hautmantel schädigen? Braucht euer Mund Chemikalien, die durch die Schleimhaut weiter ins Körperinnere vordringen? Mittlerweile gibt es so viele andere, umweltschonendere Mittel, die chemische Substanzen vollständig ersetzen. Ihr werdet bemerken, dass diese oftmals sehr viel bekömmlicher für euch und eure Zwecke sind als herkömmliche chemische Substanzen.

Deshalb bitte ich euch – seht euch um, seht euch in eurem Leben um. Nicht nur die karmischen Anteile sind veränder-

und regulierbar, nein, auch eure Lebensgewohnheiten bedürfen sehr oft einer gründlichen Betrachtung. Es ist immer euer eigener Entschluss, dies zuzulassen; manchmal dauert es vielleicht etwas länger, weil es für euch vielleicht noch nicht an der Zeit ist – aber auch das ist völlig in Ordnung.

Doch wann ist es eigentlich nötig, die Informationen über Vorleben zu erlangen beziehungsweise umzuwandeln? Nun, dazu ist zu sagen, dass ihr die Wahrscheinlichkeit, wie etwas eintreffen kann, in eurer Realität umwandelt, indem ihr die Vorleben erkennt, aufdeckt und umleitet. Ihr werdet vielleicht erkannt haben, dass durch die Lösung eines Vorlebens nicht nur eure, sondern auch die Realität von anderen beteiligten Personen unbewusst positiv beeinflusst wurde. Und nebenbei fragt ihr euch vielleicht, weshalb dies der Fall ist – wäre es nicht verfehlt, nun in jeder Situation nach einem Vorleben forschen zu müssen?

Doch bitte erkennt, dass ihr bestimmte Gefühle in euch tragen könnt, die euch fesseln. Die zugehörige Wahrscheinlichkeit dazu zu erkennen, ist von Vorteil, die Lösung ist das Auflösen – in euch und in der Seele des oder der Beteiligten zugleich. Und doch benötigt es nur euren freien Willen, um zu erkennen, dass allen Problemen ein Vorleben zugrunde liegen kann, dass es Gesetzmäßigkeiten um euch herum gibt, die eure Reaktion und die Reaktion der anderen beeinflussen. Ist es denn dann wirklich immer nötig, das Vorleben erkennen zu müssen? Irgendwann kann es sich allein durch euren Wunsch auflösen.

Sobald ihr so weit seid, dass ihr in eurem Bewusstsein fest integrieren könnt, dass ihr in der Parallelität anders gehandelt habt oder anders handeln würdet als in der jetzigen Ebene, so stellt euch doch einfach vor, ALLES in Liebe zu regeln. Vielleicht kommen irgendwann wieder Situationen, in denen es von Vorteil ist, sich das Vorleben anzusehen. Dann tut dies,

macht euch frei dafür. Bittet um einen Traum, um eine Begebenheit, um Bilder in der Meditation – und ihr werdet erkennen und lösen. Doch irgendwann werdet ihr nicht mehr lösen
müssen, denn allein eure Liebe wird die Energien erlösen.

Dies in tiefster Liebe,
Metatron

17. KAPITEL

LOSLASSEN

Ihr lieben Menschenkinder, ihr habt immer die Möglichkeit, euer Leben komplett zu beeinflussen und selbst zu bestimmen, wie euer Werdegang aussehen soll. Und doch ist es so, dass es Situationen gibt, in denen es plötzlich nicht mehr vorwärtsgeht. "Wie kann das sein?", fragt ihr euch bestimmt. Diesen Fall möchte ich euch gerne näher erläutern.

Es geht nicht nur darum, eine Bestellung (ich nenne es nun einfach eine Bestellung beim Universum, denn ihr selbst bestellt ja alles, was ihr zum Leben braucht) aufzugeben und darauf zu beharren, dass die Lieferung eintrifft. Bitte lest diesen Satz, was erscheint euch kontraproduktiv daran? – Es ist das Wort "beharren", das den Stopp in eurer Lebensplanung auslöst. Weshalb wollt ihr kämpfen, um etwas zu bekommen? Mit Kampf erreicht ihr nichts, ihr Lieben. Ich möchte euch der Klarheit halber ein einfaches Beispiel geben.

Ein Zimmermann hat sehr viele Aufträge erhalten, er kommt mit der Arbeit fast nicht mehr nach. Ihm fehlt allerdings der Rohstoff, das Holz, das er zum Arbeiten benötigt. Er hatte es rechtzeitig beim Lieferanten bestellt – doch der bekommt im Moment selbst kein Holz mehr. Dies interessiert den Zimmermann nicht, er besteht weiterhin auf der Lieferung, die der Zulieferer jedoch nicht tätigen kann. Der Zimmermann zwingt dem Lieferanten eine Vertragsstrafe auf für die entgangenen Aufträge und verliert dadurch trotzdem einige Kunden. Das Holz kommt irgendwann, aber die Kunden bleiben weiterhin aus.

Hätte der Zimmermann mit dem Holzlieferanten in gegenseitigem Einvernehmen telefoniert und sich dessen Begründung für das Ausbleiben des Holzes angehört, so wäre er wohl zu der Erkenntnis gekommen, dass es sinnvoller ist, einen anderen Lieferanten für die Lieferung des Holzes zu finden – vielleicht auch nur zur Überbrückung für die Zeit des Lieferengpasses. Der Holzlieferant hätte ihm vielleicht ein paar Tipps geben können, an wen er sich wenden könnte. In beiderseitigem Einvernehmen und mit so geringem Aufwand wie möglich für alle Beteiligten hätte diese Situation geklärt werden können – in Liebe und Verständnis. Denn was hat es dem Zimmermann gebracht, auf dem Holz des Lieferanten zu bestehen, als dieser in Lieferverzug geraten war? Wäre es nicht sinnvoller gewesen, diese Bestellung "loszulassen", vertrauensvoll weiterzugehen und einen Ersatzlieferanten zu suchen? Das Universum hätte ihm geholfen, es hilft immer. Doch was kann das Universum schon tun, wenn der Besteller darauf besteht, etwas zu erhalten, das nicht lieferbar ist? Dieses Beispiel könnt ihr auf viele Alltagssituationen übertragen.

Doch ich möchte des Verständnisses halber einen weiteren Ansatz nennen. Alles, was zu euch gehört, wird das Universum immer zu euch senden, seid euch dessen gewiss. Dazu gehört jedoch auch die Akzeptanz, dass es sich umgekehrt bei Dingen, Personen und Umständen verhält, die nicht mehr zu eurem Leben gehören. Lasst los, und ihr werdet wissen, was euch zufällt und was von euch geht. Es bringt euch nichts, etwas festzuhalten, denn ihr werdet es nur eine kurze Zeitspanne wirklich halten können – und das mit seelischem Ungleichgewicht büßen.

Nehmt dieses Wissen zu euch, setzt diese Information um – lernt, loszulassen, geschehen zu lassen. Manchmal gibt es Situationen, in denen es sehr wehtut, euch zu überwinden und etwas gehen zu lassen. Habt ihr euch jedoch dazu entschlossen und dies getan, so werdet ihr plötzlich eure Freiheit erkennen. Ihr müsst nicht halten – ihr könnt lassen. Und das strengt nicht mehr an.

Das Universum wird euch so lange auf die Probe stellen müssen, bis ihr die Lektion erhalten und umgesetzt habt – immer und immer wieder. Es kann gar nicht anders, denn es ist das universelle Gesetz der Anziehung, das diese Begebenheiten zu euch bringt. Ihr zieht trotzig Materie, Lebewesen und Situationen an – ohne zu erkennen, dass es vielleicht Gründe gibt, die die "Übersendung" der bestellten Energie verhindern. Seht dies nicht als Zurechtweisung – oh nein, niemals würde ich euch zurechtweisen wollen –, sondern erkennt dies als das universelle Gesetz, das ihr in, um und durch euch zur Verwendung bringen könnt zu eurem eigenen Vorteil. Deshalb ist das Wichtigste, was ich euch hiermit sagen möchte: Bestellt, und seid euch gewiss, dass ihr das Bestellte erhalten werdet, so es zu euch gehört. Lasst los.

Es gibt Umstände, in denen das Loslassen sehr schmerzhaft sein kann. Damit meine ich das Loslassen von anderen Wesenheiten, also von Menschen, Tieren oder vielleicht auch von Besitztümern wie Immobilien oder Ähnlichem. Stirbt beispielsweise ein Haustier oder ist es schwer krank, so werdet ihr irgendwann erkennen müssen, dass alles Festhalten keinen Sinn hat. Warum lasst ihr euer Tier nicht in Liebe und Freiheit gehen? Warum macht ihr es ihm nicht leicht – denn gehen muss es sowieso einmal. Doch haltet ihr es, so tut es sich schwer damit, euch allein zu lassen – so wird es vielleicht länger leiden müssen als nötig, nur weil es euch damit einen Gefallen tun möchte. Dies ist nicht als Vorwurf gemeint, nein, ich beziehe mich auf das universelle Gesetz der Anziehung. Ihr könnt euer Haustier länger bei euch halten als nötig, doch wird euch der Abschied dadurch nicht leichter fallen. Wäre es nicht viel einfacher für alle Beteiligten, den Weg des Tieres zu erkennen und es seine letzten Wege in Ruhe bestimmen zu lassen? Ihm den Abschied so angenehm wie möglich zu machen, ohne dass es mit schlechtem Gewissen von euch geht? Das, was ihr aussendet, werdet ihr erhalten – das ist ein kosmisches Gesetz. Wenn ihr nun aber die Energie des Haltens aussendet, werdet ihr es nicht loslassen können, und es kann euch nicht loslassen.

Bitte denkt über dieses Thema nach – und wenn ihr die Möglichkeit habt, so gebt dieses Wissen als Denkanstoß weiter.

Weshalb gehen Menschen und Situationen von euch, obwohl ihr euch sicher wart, dass sie eurer Meinung nach zu euch gehören? Oftmals stellt euch euer eigenes Kontrollverhalten negative Situationen in den Weg – und ihr könnt die Angst dahinter, die Angst vor Kontrollverlust, vor dem Alleinsein, nicht analysieren. Es ist euer Selbstschutz, der euch unbewusst so handeln lässt, der euch festhalten lässt. Doch warum haltet ihr etwas fest? Es ist eure Angst, dass es euch genommen werden könnte. Diese Angst sendet ihr, ohne es zu wissen, unentwegt aus. Und damit zieht ihr genau diese Situationen an, vor denen ihr euch so sehr fürchtet. Wie soll ein geliebter Mensch auf euer Festhalten reagieren? Er wird ebenso festhalten – oder versuchen, sich loszureißen. Auch dies ist wieder nur ein kosmisches Gesetz, das es in jeder Situation zu beachten gilt – und euch kann gar nichts geschehen. Seht euch eure Ängste an, die hinter diesem Kontrollverhalten stecken – und ihr werdet erkennen, dass etwas, das zu euch gehört, bei euch bleiben wird – auch ohne, dass ihr es festhalten müsst.

Vereinfacht gesagt: Hinter jedem Kontrollverhalten steckt reine Angst in ihrer Urform – doch wo Liebe ist, wo Selbstliebe herrscht, ist keinerlei Angst oder Kontrolle mehr nötig.

In Licht und Liebe,
Metatron

18. KAPITEL

STAGNATION

Ihr lieben Wesenheiten, wer von euch kennt den Begriff der Stagnation nicht? Den Wunsch weiterzugehen, aber irgendetwas hält euch zurück, irgendetwas hemmt euren Lebensfluss. Ihr wisst nicht, wie es weitergehen soll, seid wütend, voller Selbstanklage – oder ihr klagt andere an ... Ihr hofft, diese ungeliebte Situation einfach verlassen zu können, und doch müsst ihr durch sie hindurch. Aber ist es wirklich so? Habt ihr wirklich keine andere Wahl?

Ihr habt immer eine Wahl, und wir erkennen die Möglichkeiten, die vor euch liegen. Umso mehr tut es uns leid zuzusehen, wie ihr euch häufig für die Stagnation entscheidet und dann vorgebt, nichts dagegen tun zu können. Nun fragt ihr euch sicherlich, was ihr denn tun könnt, damit genau dies nicht geschieht ... Wie habt ihr es geschafft, in diese Rolle zu gelangen, und wie kommt ihr da wieder heraus?

Bitte versucht erst einmal, eure Gedanken abzustellen. Es geht nun nicht mehr ums Denken, sondern es geht um das Fühlen. Fühlt ganz tief in euch hinein, in euer Herz. Seht eine Flamme, eure Herzensflamme, die in eurem Herzen brennt. Bei manch einem glimmt sie vielleicht nur, bei einem anderen ist sie verloschen. Dann bitte ich euch, ein Feuer anzuzünden. Zündet das Feuer eures Herzens eigenhändig wieder an. Lasst es brennen, lasst es allen Kummer und alle Stagnation eures Herzens verbrennen. Jetzt, in diesem Moment, verbrennen Kummer und Stagnation und machen der Liebe des Herzens Platz. Tretet ein in diese Liebe, tretet ein in die Flamme und seht, was ihr erkennen könnt. Ist es ein Gefühl der Liebe und des Friedens – könnt ihr vielleicht etwas sehen? Gibt es etwas, das ihr lange nicht beachtet habt und das in euch brennt und darauf wartet, dass ihr es herauslasst? Gibt es etwas, das euch bislang daran gehindert hat, eure Liebe und euer Talent zu leben? Seht, wie es in eurem Herzen liegt. Könnt ihr es nicht erkennen, so stellt euch einfach die Stagnation, die Trauer oder das Gefühl vor, welches euch in diesem Moment umgibt. Denn das, was nun in eurem Herzen zu sehen ist, muss gar nicht mehr zu euch gehören.

Und nun möchte ich euch dringend etwas zu dieser Meditation erklären: Weshalb verbrennt in einigen Fällen nicht alles beim ersten Versuch? Weshalb gilt es daher manches Mal, tiefer zu schauen ins Herz, um die restlichen Dunkelfelder zu erkennen, die euch hindern, eure Liebe zu leben?

Ganz einfach, ihr Lieben – es liegt daran, dass euer Herz die Wahrheit tief in sich trägt, ihr aber nicht so ohne Weiteres bereit seid, diese zu sehen. Ihr wollt sie vielleicht sehen, aber ihr könnt es nicht, da ihr so sehr daran gewöhnt seid, dass "es ist, wie es ist". Nichts ist, wie es ist, alles ist veränderbar, dazu nun meine Worte: Ändert euer Inneres, um das Äußere euren Wünschen anzupassen. Ihr werdet spüren, alles geht völlig ohne Kampf, wenn ihr es in Liebe anpackt. Wenn ihr in eurem Innersten vorangeht, so folgt euch das Äußere nach. So ist das Leben, anders ist es nicht möglich – und ihr wisst das. So war es immer.

Die andere Frage, die sich bei dieser Meditation stellen könnte, wäre die, weshalb ihr das nicht mehr benötigte Karma in die Erde ableiten sollt. Ich sage euch, solange ihr eure Einstellung nicht ändert, wird es schwierig sein, in Liebe zu leben. Denn mit der Einstellung, dass ihr immer und überall Karma und Probleme zu bearbeiten habt, kommt ihr nicht weiter. Damit zieht ihr immer wieder weiteres Karma zu euch heran. Das ist der Lernweg, den ihr gehen wolltet. Ihr habt euch dazu bereit erklärt, aus diesem Grund hier auf der Erde inkarniert zu sein. Sie ist ein wundervoller Schulungsplanet, und deshalb ist es sicherlich sehr sinnvoll, sein Karma immer wieder zu bearbeiten. Einen großen Schritt weit ist das auch notwendig. Und immer dann, wenn ihr spürt, dass etwas in eurem Weg liegt und euch straucheln lässt, solltet ihr versuchen, den Steinbrocken aufzulösen.

Doch irgendwann werdet ihr erkennen, dass ihr auch den daneben liegenden Weg ohne Steinbrocken nehmen könntet. Dann werdet ihr euch dafür entscheiden, denn dadurch kommt ihr um einiges schneller voran – und es ist weit weniger kraftraubend.

Das Karma wird auf der Erde bestehen, solange es die Menschen für ihre Entwicklung benötigen. Sobald ihr aber erkannt habt, dass ihr frei von Karma sein könnt, wird vieles ins Fließen kommen. Ich weiß, dass es euch nicht leichtfällt, danach zu leben, doch genau das ist der wunderbare Lernweg, auf den ihr zeit eures Lebens gewartet habt.

Es gibt sie wirklich, die Menschen, die das Karma annehmen möchten. Ebenso wie ihr selbst Karma angenommen habt, benötigen auch andere Individuen das Karma zur persönlichen Weiterentwicklung. Es wird sich aus ihrem eigenen Lebensrad formen. Dies ist eine Feststellung, ich bitte euch, dies in bedingungsloser Liebe zu erfassen.

Stellt euch aber nun das Karmarad vor, aus dem ihr austreten könnt. Es ist ein großes Windrad, das euch gefangen hielt. Doch es war offen, ihr habt es nur nicht bemerkt. Stoppt den Wind, und tretet seitlich daraus hervor. Stellt euch das Rad immer wieder vor, wenn Probleme euch festzuhalten drohen. Denn genau dann ist es so weit, dass ihr wieder hineingetreten seid, freiwillig und aus Gewohnheit.

In Licht und Liebe,
Metatron

19. KAPITEL

DAS AUFLÖSEN VON HINDERNISSEN – DAS ZULASSEN NEUEN POTENZIALS

Liebe Kinder, ich möchte euch nun gerne etwas über das Lösen eurer Blockaden erklären. Oftmals, wenn ihr beschlossen habt, euch von etwas zu trennen, kommt genau das wiederum auf euch zu. Es kann sich zeigen in Form von Hindernissen oder eben in der Form, dass ihr euch geistig abschottet, euch verschließt. Doch habt ihr diese Brücke wiederum überwunden – und das werdet ihr, sobald ihr um Hilfe bittet und euch selbst – eurem Selbst – vertraut –, dann kann und wird alles weitergehen. Es wird so weitergehen, wie ihr es vielleicht gar nicht zu hoffen gewagt habt. Ihr werdet ein freies Potenzial vorfinden, das plötzlich Talente aufzeigt, derer ihr euch vormals gar nicht bewusst wart oder die ihr möglicherweise gar nicht verwenden konntet, obwohl ihr wusstet, dass sie in euch gespeichert sind.

Bevor ich nun weiterhin um den heißen Brei herumrede, möchte ich euch ein Beispiel geben. Seht ihn euch an, den heißen Brei. Er wurde wahrscheinlich aus Wasser gekocht, und es wurde eine Substanz hinzugegeben, die ihn dickflüssig und nahrhaft machte. Doch was geschieht, wenn das Wasser aus dem Brei herausgelöst wird? Was, wenn alles Wasser verdunstet? Dann würde nur wieder die Substanz übrig bleiben, die ihr zu Brei verrührt habt.

Doch was möchte ich euch mit diesem Beispiel nahebringen? Ihr könnt mit dem vorhandenen Wasser, das ihr in das

Gefäß gegossen habt, alles kochen, was ihr zur Verfügung habt. Es muss kein Brei sein, es kann Soße sein, ihr könnt Reis, Nudeln oder Klöße kochen. Es bleibt euch überlassen, was ihr kocht, wenn ihr es nur im Haus habt. Doch vielleicht habt ihr gar nicht mehr als Grieß für Brei in eurem Vorratsschrank? Dann seht euch um. Seht in die Natur, seht die Kräuter um euch herum, die ihr in eure Speisen geben oder als Tee trinken könnt, seht das Gemüse, das in der Erde oder auch über der Erde wurzelt, all dies könnt ihr in das Wasser geben. Der Reichtum der Natur ist unbegrenzt. Selbst im Winter gibt es Körner, die ihr in der Erde finden werdet, wenn ihr nur lange genug danach sucht. Doch ist es überhaupt nötig zu suchen?

Nun möchte ich euch das Dilemma der letzten Jahrhunderte, nein, das des ganzen menschlichen Daseins nahebringen. Denn manchmal begrenzt ihr eure Gedanken, ohne dass dies jemals nötig gewesen wäre. Wir sprachen bereits davon, dass ihr euch im Universum alles bestellen könnt, was ihr benötigt, es ist das Gesetz der Matrix. Ihr selbst seid magnetisch, und ihr könnt gar nicht anders, als alles in eure Nähe zu ziehen, was ihr aussendet. Warum also tut ihr das nicht? Weshalb wendet ihr das Gesetz des Universums nicht zu euren eigenen Gunsten an?

Löscht das Mangeldenken in euch. Niemand verlangt, dass ihr schwer arbeiten müsst, um zu Geld zu kommen. Das Gesetz des Universums ist immer um euch. Wenn ihr jedoch aussendet, lange und viel arbeiten zu müssen, so zieht ihr genau das in euren Blickwinkel, genau das wird für euch Gültigkeit haben.

Doch weshalb funktioniert das Gesetz nicht immer und überall? Weshalb habt ihr das Gefühl, dass manches Mal genau das Gegenteil von dem geschieht, was ihr euch eigentlich wünscht? Ihr habt vergessen, euer Unterbewusstsein zu beachten. Ich bitte euch daher, mit mir zusammen eine kleine Meditation zu erleben.

Setzt euch bequem hin, und spürt mit geschlossenen Augen, wie nun eine helle Sonne auf euch zukommt. Diese Sonne dringt durch euer Drittes Auge in euch ein, euer Kopf leuchtet, das Licht breitet sich über den ganzen Körper und weit darüber hinaus aus. In diesem Licht gibt es eine kleine Tür, es ist eine dunkle Tür, hinter der eine geheime Kammer liegt. Bitte öffnet nun diese Tür und seht, was verhindert, dass euer Wunsch Wirklichkeit wird ...

Es kann eine Person erscheinen, aber auch eine Begebenheit, ein Gegenstand, der eine symbolische Bedeutung für euch hat. Fragt, was das für eine Bedeutung sein soll. Vielleicht empfangt ihr Worte, vielleicht ein Gefühl – vielleicht auch gar nichts. Denn es könnte auch sein, dass eine große Leere in euch entstanden ist, die versucht, euch einzuhüllen. Egal, was es ist, egal, ob ihr Botschaften bekommen habt oder nicht – liebt diese Kammer, liebt diese Tür, nehmt sie in Liebe an. Und öffnet sie nun ganz weit, lasst das Licht in diese Kammer fließen – und ihr werdet sehen, wie sich die Kammer und alles, was in ihr enthalten ist, in Licht auflöst. Sobald ihr diese Kammer losgelassen und an mich übergeben habt, ist sie komplett verschwunden.

Doch nun, ihr lieben Menschen, geht es noch weiter. Wie leicht wäre es für euch, einfach euer Potenzial anzunehmen und nach vorne zu sehen. Doch scheinen euch eure Erfahrungen festzuhalten, sie scheinen zu verhindern, dass ihr schnell vorankommt. Aber wenn wir genau hinsehen, dann seid eher ihr es, die die Erfahrungen festhalten, weil ihr denkt, sie noch zu brauchen. Ich muss euch sagen, es wäre ein Leichtes für euch loszulassen, wenn ihr nur erkennen könntet, was hinter dem Schleier liegt, den ihr euch umgelegt habt. Dort liegen euer Lebensglück, eure Zufriedenheit und ganz viel Liebe. Sobald diese Eigenschaften in euch leben dürfen, was meint ihr, wie viel Platz dann noch für das Wort "Problem" besteht? Fast keiner mehr. Das Wort wird im Licht zerfließen, denn ihr müsst es gar nicht mehr groß werden lassen, müsst ihm keine Energie mehr geben.

Seht euch eure Themen an, die immer wieder auftreten. Seid ihr zornig, traurig, melancholisch? Oder seid ihr rundherum glücklich? Dann ist es gut. Sollte jedoch Ersteres der Fall sein, so holt diese Energien zu euch, um sie euch anzusehen und zu erkennen, weshalb sie existieren. Vielleicht sind es alte Muster aus der Kindheit, die sich verabschieden wollen? Alte Muster, vielleicht aus vergangenen Taten, für die ihr euch die Schuld gebt? Erlöst sie, denn Schuld existiert allein in euren Köpfen. Wir verurteilen nicht, Liebe verurteilt nicht, das Alles-was-Ist wird niemals urteilen. Warum also haltet ihr an euren Urteilen fest?

Alles spiegelt euch, jedes Erlebnis und jedes Gefühl. Ist Zorn, Hass auf einen Menschen um euch herum, so seht in euch selbst nach, warum ihr ihm gegenüber dieses Gefühl so tief empfindet. Lasst es gehen, wandelt es dabei um. Ihr braucht es nicht, um glücklich zu sein. Auch wenn Probleme um euch herum sind, so lebt im Augenblick, im Moment. Warum tragt ihr das oder die Probleme mit euch herum, wenn ihr doch sonst augenblicklich glücklich sein könntet? Weil es zu sehr in euch verhaftet ist. Zorn, Hass, Angst, Gewalt – dies alles liegt in fehlender Selbstliebe begründet. Ihr fragt euch, woher ihr Selbstliebe nehmen sollt? Seht euch euer Haus oder eure Wohnung an, eure Familie, vielleicht eure Tiere, eure Freunde ... Ohne Liebe – völlig ohne Liebe – wäre nichts davon um euch. Ihr wärt arm, und ihr müsstet diese Welt verlassen. Sagt also nicht, ihr liebt euch und auch andere Menschen nicht. Nein, dankt für all das, was ihr habt, und wisst, dass die Liebe des Universums unendlich ist, also muss auch die Liebe in euch unendlich sein, denn ihr seid das Universum.

Ihr alle seid so weit zu erkennen, dass nichts und niemand euch von der Liebe abhalten kann, außer ihr selbst. Seht euer

Herz, und öffnet alle Tore, die dort hineinführen. Öffnet sie, ohne Angst davor zu haben, verletzt zu werden. Nun entfernt diese Tore, vielleicht waren es auch Mauern. Ihr braucht sie nicht mehr. Denn wo Liebe ist, kann kein Herz verletzt werden. Das Herz kann nicht gebrochen werden, außer ihr selbst verschließt es, weil ihr denkt, es schützen zu müssen. Doch dem ist nicht so, denn damit nehmt ihr ihm die Kraft zu atmen. Liebt es dafür, dass es immer bei euch ist. Liebt es für das Wissen, das in ihm enthalten ist.

In Licht und Liebe,
Metatron

20. KAPITEL

DAS LAND HINTER DEM REGENBOGEN

Liebe Menschen, wir kennen eure Ängste vor dem Tod, vor der Auflösung des Lebens. Und genau deshalb bitte ich euch, euer Herz zu öffnen und zu erkennen, dass dies alles Illusion ist, die euch euer Ego vorspielt. Denn das Ego war es, das diese Angst fabriziert hat und immer wieder hervorholt. Ohne Angst kann das Ego nicht überleben, denn in der Liebe gibt es keine "Egomanie" mehr. Wenn ihr frei seid von Angst, seid ihr frei von egozentrischen Vorstellungen.

Was bedeutet es, das "Land hinter dem Regenbogen"? Ich meine das Paradies, wie es vielleicht einige von euch nennen. Ihr Lieben, sicherlich habt ihr als Kinder die Geschichten vom Himmel und der Hölle gehört – ich bitte euch, davon Abstand zu nehmen. Jeder von euch schafft sich seine Erfahrungen selbst, und dabei ist es nicht nötig, sich die Hölle zu erschaffen (Metatron lächelt). Wie geht es weiter nach dem Tod? Oder was ist überhaupt die Definition des Lebens an sich?

Habt ihr jemals darüber nachgedacht, wie es möglich ist, dass eine Seele einen Körper bewohnt? Der Körper wird krank, oder er wird alt und stirbt. Wie kann das sein? Was ist mit der Seele los? Krankheiten entstehen immer aufgrund seelischer Disharmonien im Energiefeld eines jeden Menschen. Werden diese nicht angeschaut oder bearbeitet, so manifestieren sie sich durch die willkürliche Verdrängung. Doch der Körper erhält an genau dieser Stelle, an der die Emotion sitzt, weniger beziehungsweise negative Energie. Dies ist zu erklären, indem ihr euch Tumore oder Krebserkrankungen anseht. Egal, welche Krankheit es ist – sie beruht immer auf einem mangelnden Interesse an Aufklärung und auf einer mangelhaften Beseitigung destruktiver Energien. So viel dazu.

Verlässt eine Seele den Körper des Lebewesens, den sie bewohnt hatte (Mensch, Tier, Pflanze oder Gegenstände – denn Materie ist auch Energie), so kann dieser Körper nicht allein überleben. Die Seele ist es, die ihn zusammenhält und die für seine Gesundheit Sorge zu tragen hat. Niemals solltet ihr deshalb euren Körper verachten oder ihm zu wenig Aufmerksamkeit schenken, denn er spiegelt in allem und in jeder Hinsicht euren Gemütszustand wider. Der Körper wird – wie ihr es nennt – verwesen, das bedeutet, dass seine Zellen auseinanderfallen, da die Zellsubstanz nicht mehr mit Energie versorgt wird. Hierfür ist immer das Lebewesen zuständig, der Körper kann von allein kein Prana (Lebensenergie) empfangen.

Ihr habt nun die Möglichkeit, in einem anderen Körper zu reinkarnieren, um die unbearbeiteten negativen – oder viel eher destruktiven – Energielöcher anzusehen und zu bearbeiten. Es geht darum, nicht einfach durch das Leben zu gehen, ohne dies zu berücksichtigen, denn dann wäre eure Inkarnation – lasst es mich so ausdrücken – unnötig. Hier und jetzt seid ihr inkarniert, um eure Energien anzuheben und um alte Themen zu bereinigen. Das ist der Weg, den sich eure Seele – also ihr selbst – vorgenommen hat.

Oh ja, es ist auch in der feinstofflichen Welt möglich, Themenaufklärung zu betreiben. Doch dies ist weitaus schwieriger, da die Materie nicht so dicht ist, wie es bei euch im Moment der Fall ist. Was ich damit sagen möchte, ist, dass ihr in der "Astralwelt" denkt, und euer Denken geht sofort in die Verwirklichung. Es ist fast nicht möglich, die negativen Eigenschaften eingehend zu bearbeiten, da es euch aufgrund der Geschwindigkeit der Übertragungsdauer der Gedanken fast unmöglich erscheinen wird, negative Gedankenprojektionen aufzuheben. Aus diesem Grund ist es schonungsvoller und wirksamer, wenn ihr die Umwandlungen in der nächsten Inkarnation vornehmt. Deshalb ist es unsere Bitte, dass ihr diese Inkarnation nutzt, um eure Themen zu bearbeiten. Denn auch die Erde, der Schulungsplanet schlechthin, verändert ihre Schwingung und wird dadurch immer feinstofflicher. Wenn ihr eure Themen nicht bearbeitet, müsst ihr die Erde verlassen, um woanders neu zu inkarnieren, dort, wo wieder eine ähnliche beziehungsweise trägere Schwingungsenergie vorherrschend ist.

Auch eure Tiere haben ihre eigenen Themen, auch für sie geht es darum, diese zu bearbeiten – sie suchen sich genau die Inkarnation heraus, die ihnen dabei am besten behilflich sein könnte. Versteht die Aufgabe eurer Haustiere, euch in dieser Inkarnation hilfreich zur Seite zu stehen, um gemeinsam mit euch zu wachsen. Dies kann für alle Beteiligten mit großem Schmerz verbunden sein, etwa wenn das Tier alt ist und geht. Doch steht dies in keinem Verhältnis zur Bereicherung, die ihr durch das Zusammensein erhaltet – einer Heilung auf allen Ebenen.

Es kann sein, dass wir Engel reichlich gefühlsneutral wirken. In der Tat können wir keine Traurigkeit empfinden. Seelen kann es allerdings niemals schlecht gehen, da sie immer das erleben, was die Seele für sich gerade als richtig empfindet. Niemals kann einer Seele ein Unrecht geschehen, wenn man die Sicht des Alles-was-Ist beibehält. Jede Seele erhält ihre Lernerfahrung, vortrefflicher kann es gar nicht sein. Schlimm wäre es, wenn diese Erfahrung einer Seele nicht möglich wäre, doch in eurem Universum ist dies beileibe (Metatron lächelt) niemals der Fall. Weshalb also macht ihr euch Gedanken, wo es keinerlei negativer Gedanken bedarf? Vertraut – und euch wird vertraut werden.

Was geschieht mit der Seele, die den Körper verlassen hat? Nun, es kommt darauf an, wie sie auf den Tod vorbereitet wurde, welches Wissen sie selbst in sich trägt. Auch dies wird eine weitere Lernerfahrung der Seele sein können. Sie hat die Möglichkeit, sofort in das göttliche Alleins überzugehen, oder sie kann noch etwas bleiben. Ja, sie hat sogar die Möglichkeit, beides auszuprobieren. Doch sie wird dann niemals komplett auf ihrem Weg sein können, denn dies geschieht erst, wenn sie sich ganz klar entschieden hat, ihren Weg in völliger Wahrheit und Weisheit zu gehen. Einer hin- und hergerissenen Seele ist dies nicht möglich.

Maisha weiß, wovon ich spreche, ihrem kürzlich verstorbenen Hund erging es ebenso. Er erkannte in Freude, wie gut es ihm plötzlich ging – er spielte mit seinen ebenfalls verstorbenen Geschwistern, und doch blieb er noch eine erdgebundene Seele. Maisha konnte ihn zwar zeitweilig wahrnehmen, doch der Rest der Familie konnte ihn nicht sehen, und das machte ihn sehr traurig. Durch sein einstweiliges Bleiben erleichterte er Maisha die Trauer, und als sie so weit war, entschloss er sich letztendlich, seinen Weg weiterzugehen.

Es ist wichtig für alle Verstorbenen, dass sie wissen, wo ihre Heimat ist. Und diese ist nun eben nicht mehr die Erde, sondern das Alles-was-Ist. Ja, sie haben nach einiger Zeit der Anpassung die Möglichkeit, die Zurückgebliebenen zu besuchen – und doch wird es bei Besuchen bleiben. Ihre Heimat ist die andere Ebene.

Wenn sie sich dazu entschließen, diese Heimat anzunehmen, ändert sich ihre Energie – und auch das konnte Maisha wahrnehmen. Der Lichtkörper strahlt, wirkt größer, und manchmal wirkt er, als hätte er Flügel. Nun ist es an der Zeit, die Erde zu verlassen. Es ist Zeit, den Weg zu gehen, nicht zu stagnieren, sondern freudig, vielleicht auch mit leiser Wehmut, weiterzugehen – loszulassen.

Ihr lieben Wesenheiten, bitte erkennt, dass es den Tod in dieser Seinsform nicht gibt. Es gibt nur eine Auflösung des festen

Körpers, eine Befreiung der Feinstofflichkeit aus der materiellen Hülle. Erkennt dies und habt keine Angst mehr vor dem Tod. Wir verstehen, wenn ihr versucht, eure Angst vor dem scheinbar Unbekannten vor euch selbst zu verschließen. Doch es gibt nichts in unserer Seinsform, das euch Angst einjagen müsste. Ihr habt dies schon früher immer wieder erlebt und erkannt. Ich möchte euch helfen, diese Angst zu verlieren, ich möchte euch dabei helfen, die Grenzen zu überwinden, die ihr euch selbst gesetzt habt. Ihr könnt euch ähnlich mit uns unterhalten, wie ihr euch miteinander unterhaltet, nur dass ihr nicht die körperliche Stimme verwendet.

Wie sieht es wohl aus, das "goldene Land"? Leider fällt es euch häufig immer noch schwer zu verstehen, dass ihr alles selbst erschafft. Doch ihr habt die Möglichkeit, nach dieser Inkarnation in einem feinstofflichen Land zu leben, es wurde schon vor euch durch Wesenheiten erschaffen, die den Neuankömmlingen nach dem Tod die Ankunft erleichtern wollten. Dieses Land besitzt eine einzigartige Fauna und Flora, ihr habt es schon oft in euren Träumen und Phantasien erblickt. Woher meint ihr, entspringt die Sage vom goldenen Land, vom Schlaraffenland, vom Land der Träume? Es hat eine grün-goldene Energie, sanft ansteigende Berge und Täler, Seen – alles, was ihr euch erträumt. Jeder von uns kennt dieses Land, dort könnt ihr alle Seelen treffen, die im feinstofflichen Reich verweilen. Es wurde eigens dafür angelegt. Hier könnt ihr ausruhen, und von dort aus könnt ihr Pläne schmieden, die eure nächsten Inkarnationen – falls nötig – betreffen. Dorthin ging auch Maishas Hund. Auch er traf einige seiner Familienmitglieder wieder, und auch er trifft Vorkehrungen für seine Rückkehr auf die Erde.

Ihr habt in diesem Land weiterhin den Körper eurer letzten Inkarnation, solange ihr noch etwas zu erledigen habt. Also bleibt der vorherige feinstoffliche Körper bestehen. Allerdings nicht der verletzte oder alte Körper, sondern der gesunde Körper zu seiner besten Zeit. Wundert euch deshalb nicht, wenn ihr euer Drittes Auge geöffnet habt und Wesenheiten antrefft, die wesentlich jünger aussehen, als sie es zur Zeit ihres Todes waren. Doch dies ist nicht alles, was es zum grobstofflichen Tod zu sagen gibt. Wenn eure Inkarnationen abgeschlossen sind, so habt ihr die Möglichkeit, zurück zur Quelle zu gelangen. Ihr werdet das werden, was ihr schon immer wart: Energie in ihrer größten Form, der Liebe. Ihr werdet existieren, und – ja – ihr habt die Möglichkeit, einen Körper anzunehmen, der euch gefällt. Es gibt verschiedene Aufgaben, die ihr wahrnehmen könnt – wenn ihr dies möchtet. Doch ich sage euch, ihr werdet es wollen, denn es ist wunderbar, bedingungslos in Liebe zu dienen – und Liebe zu sein.

Doch was geschieht mit den Wesenheiten, von denen ihr alle schon gehört habt? Die Wesen, die nicht gehen wollten, aber sterben mussten – denen der Kontakt mit ihrer Seele beziehungsweise ihrem Höheren Selbst nicht gelungen ist? Die Seelen, die verwirrt sind, die nicht daran glauben möchten, dass sie nicht mehr körperlich auf Erden weilen? Sie spüren sich, und sie sehen sich – sie sehen ihre Beine, ihre Füße, ihre Hände ... Sie existieren immer noch in der dritten Dimension. Sie haben den Zugang nach oben verloren und nehmen die Hilfe von feinstofflichen Wesenheiten nicht an, da sie sie nicht erkennen können. Manch einer nennt sie Poltergeister, dies sind diejenigen, die es geschafft haben, durch Gedankenkraft Materie zu bewegen, um auf sich aufmerksam zu machen. Poltergeister sind sehr starke Seelen, die ihr Potenzial bisher leider noch nicht erkennen konnten.

Manche Wesenheiten verbleiben auch noch einige Zeit absichtlich in der dritten Dimension, sie tun das bewusst. Sie glauben, noch eine Aufgabe erledigen zu müssen, oder sie können ihre Verwandten nicht loslassen. Manche werden auch von ihren Liebsten zurückgehalten und trauen sich meist nicht, die ihnen so vertraute Welt zu verlassen. Wenn sie es dann doch tun, sind sie glücklich, denn sie erkennen die Liebe, die in allem steckt, und sie haben urplötzlich Zugang dazu erlangt.

Und dann gibt es noch eine letzte Ebene. Es geht um die leidenden Seelen, die durch negative Denkmuster darin verharren. Negatives zieht Negatives an – damit meine ich, dass es auch eine Ebene gibt, in der sie sich verwirklichen können. Sie werden dort weiterhin Raubzüge, Bluttaten, Diebstähle, alle möglichen Gräueltaten vollbringen dürfen – und das so lange, bis sie bereit sind zu erkennen, dass dies alles nur Schein ist. Nein, dies ist keine Strafe, sie selbst haben es so vereinbart. Sie selbst wollen in genau dieser Ebene verbleiben, und niemand zwingt sie dazu, nicht weiterzugehen – dies ist ihnen jederzeit möglich. Doch die Seele braucht Zeit, um zu wachsen, und dies wird auf dieser Ebene ermöglicht.

Doch wer das Wissen um die Liebe, um die Wahrheit auch nur ansatzweise in sich spürt – selbst wenn es ihm vorher nicht bewusst war –, der wird den Tunnel des Lichtes erkennen, der ihm den Weg weist. Er wird ihn erkennen und in Liebe und Freude gehen. Der Kontakt mit den Inkarnierten selbst kann immer wieder hergestellt werden, wenn man es wünscht. Die Leidenden, die in Schmerz gegangen sind, werden glücklich erkennen, dass der körperliche Schmerz vorbei ist und dass die Seele heilen kann. Sollte die Seele noch eine weitere Aufgabe auf Erden haben, so wird sie diese erfüllen können.

In der feinstofflichen Welt gibt es nach dem goldenen Land noch eine weitere Ebene. Dort wird alles, was die Seele denkt oder erwartet, Wirklichkeit. Dies ist die Ebene der Erschaffung, und – ihr Lieben – ihr seid deshalb hier auf der Erde, um diese Ebene irgendwann betreten zu können in dem Wissen, dass alles, dem ihr eure Energie schenkt, wachsen wird. Ihr erschafft das Universum und viele andere Dinge mit, von denen ihr bis heute noch keine Ahnung hattet.

Das ist die Ebene, in der ihr euer Zuhause finden werdet. Aus dieser Ebene seid ihr gekommen, und auf diese Ebene werdet ihr irgendwann wieder wechseln.

Interessiert es euch, was geschehen wird, sobald ihr die Realität wechselt und euren Körper aufgebt? Nun, ihr Lieben, sobald ihr durch den Tunnel gegangen seid, werdet ihr freudig und in Liebe erwartet. Ja, es kann sein, dass ihr eure Lieben auf der Erde weiterhin vermisst, aber die Liebe um euch herum wird euch heilen. Ihr wisst plötzlich um das Ganze und werdet bald keine Probleme mehr damit haben zu erkennen, dass das der Plan eurer Seele war.

Dieser Plan, der Lebensplan, wird mit den Erkenntnissen verglichen, die ihr gewonnen habt. Konntet ihr eure geplante Vision des Lebens verwirklichen, oder wollt ihr nochmals zurück ins Abenteuer "Leben"? So wird also ein neuer Zyklus geplant, den ihr dann zu gegebener Zeit beschreiten könnt. Dabei helfen euch die Engel und andere feinstoffliche Wesen, die im Erschaffen bereits Erfahrung haben. Auch sie sind Lehrlinge in gewisser Hinsicht, die sich nun beweisen dürfen. Es sind die Wesen, die am Anfang der Eingliederung in die letzte Ebene des Erschaffens stehen. Gemeinsam werdet ihr mit noch nicht Inkarnierten und den Überseelen von bereits auf der Erde lebenden Menschen eure Lebensziele planen sowie Zusammentreffen mit Menschen, Verwandten, Freunden, Lebenspartnern ... Bis wieder ein neues, spannendes Spiel beginnen kann.

Natürlich können diese Zeilen niemals die Zusammenhänge in ihrer Gänze aufzeigen, die zwischen der körperlichen und der rein geistigen Welt bestehen. Bitte wisst, dass dies nur Beispiele sind, die dazu dienen sollen, euch eure Lebensform etwas verständlicher zu machen.

In Liebe,
Metatron

21. KAPITEL

DIE KINDER DER NEUEN ZEIT

Ihr lieben Menschen, wer oder was seid ihr wirklich? Wie kann man die Energie der Menschen mit der Energie von Geistwesen, beispielsweise Engeln, in Verbindung bringen? Natürlich ziehen wir auf dieser Ebene keinerlei Vergleiche, doch zu eurem Verständnis möchte ich darauf eingehen, da es um eine genauere Identifizierung des körperlichen Selbstes geht. Der Mensch an sich besteht, wie bereits beschrieben, aus reinem Geist. Daraus lässt sich schlussfolgern, dass Menschen auf eurer Ebene und Wesen im nichtmateriellen Raum überhaupt keine Unterschiede aufweisen außer den Körpern und natürlich dem Entwicklungsstand, der sie andere Realitäten fühlen und erleben lässt.

Der Mensch fühlt und erlebt die Emotionen als energetische Einheit, und wenn er die Emotionen nicht zulassen kann oder nicht auslebt, wird durch das Ungleichgewicht der Energie der menschliche Körper in Mitleidenschaft gezogen – und zwar genau in dem Gebiet, in dem das energetische Ungleichgewicht, also die Emotion, sitzt. Dies zu eurem Verständnis.

Ja, es ist so, dass euer Erinnerungsvermögen an die geistige Welt durch den Eintritt in den menschlichen Körper sozusagen mit einem Schleier belegt wird. Ihr habt die Aufgabe, euch während eures Lebens durch bewusste Gedankengestaltung wieder an die Göttlichkeit heranzuarbeiten. Dies fällt euch verständlicherweise hin und wieder recht schwer, jedoch besteht diese Maßnahme, solange die Dualität auf der Erde besteht.

Geht aus der Dualität heraus – und erlebt die Aufhebung der Getrenntheit, die Einheit. In euch und um euch herum. So einfach ist das!

Nun, die Kinder, die zu euch kommen, hatten dasselbe Schicksal wie ihr alle zu erleben. Sie wurden aus der Einheit in die Getrenntheit befördert, allerdings ist bei ihnen häufig eine Lücke im Bewusstseinssystem vorhanden. Sie wissen zum Teil um die Liebe und die Kräfte, die in ihnen und im Universum enthalten sind. Sie haben nicht alles vergessen. Es gibt viele Kinder, die sich noch gut an ihre Vorleben oder an den "Himmel" erinnern. Auch profitieren sie davon, dass ihre DNA verändert wurde – sie setzt sich anders zusammen, als es damals bei eurer Geburt der Fall war. All dies hat mit der Schwingungsveränderung auf der Erde zu tun. Und diese wiederum hat mit euch und eurem Verständnis zu tun.

Die Kinder der neuen Zeit heben die Energie der Erde um ein Vielfaches an. Sie sind offener als die meisten Menschen, und durch ihre starken Gefühle transformieren sie, was an Erdenergie zu transformieren ist. Sie transformieren ihre eigene Seele – und wandeln gleichzeitig die unausgewogenen Energieschichten der Erde mit um. Erkennt, ihr Lieben, dass jede Energie, die von ihnen ausgeht, egal, ob es Liebe, Wut, Trotz oder Traurigkeit ist, göttlich ist. Ebenso wie ihr haben sie nun – habt ihr nun – die Möglichkeit, diese umzuwandeln und weiterzugehen, zusammen mit Mutter Erde.

Diese neuen Kinder vereinbarten vor ihrer Inkarnation die Zeit, den Ort und die Familie, in die sie inkarnieren würden. Diese Vereinbarungen wurden mit eurem Hohen Selbst getroffen, mit eurem Einverständnis vor der Inkarnation, oft auch in euren Träumen. Erkennt den Segen, der in ihnen liegt, und versucht nicht, ihren vermeintlichen Unausgeglichenheiten mit Medikamenten nachzukommen. Ihr unterdrückt damit nicht nur ihre Seele, ihr unterdrückt eure eigene Seele.

Doch nun möchte ich zur Informationsweiterleitung im DNS-System der "neuen" Kinder einige Punkte ansprechen. Die DNS funktioniert nicht, wie ihr angenommen habt, automatisch. Oh nein, sie reagiert mit der Energie, die sie um sich herum empfängt. Es ist kein starres System, sondern die DNS richtet sich nach der Energiematrix des Sirius und der anderen euch umgebenden Himmelskörper aus. Auch Venus, Mars, Pluto und noch viele andere sind daran beteiligt, sie senden euch unentwegt geringe Mengen ihrer Energien zu – genau so viel, wie für euch möglich ist zu ertragen. Diese Menge wird langsam, aber stetig ansteigen und immer weiter an euer Planetensystem ausgesendet, und sie nimmt euch und eure Kinder sowie die Tiere, Pflanzen und Mineralien, einfach alles, was um euch herum ist, energetisch mit.

Eure DNS ist auf ein stetiges, langsames Wachstum ausgelegt, doch die DNS euer Kinder ist sofort auf Empfang eingestellt, sobald die zusätzlichen neuen Energien eingespeist werden. Aus diesem Grund reagieren sie oftmals überreizt oder aufgedreht, was ihr, liebe Menschen, mit Ritalin und anderen Energieblockern aufzuhalten versucht. Doch weshalb wollt ihr sie daran hindern, mit der Entwicklung voranzugehen? Leider fehlt euch oftmals das Bewusstsein bezüglich der höheren Energien, doch ich verspreche euch, es wird nicht mehr lange dauern. Und diejenigen von euch, die dies für ihre jetzige Inkarnation gewählt haben, können diese Energien integrieren.

Es gibt verschiedene "Spezies" von "neuen" Kindern, wie ihr es in der Dualität bezeichnen würdet, und doch sind sie sich alle ähnlich.

Zuallererst möchte ich das Wesen der Kristallkinder erläutern. Ihr sprecht von Kristallkindern, wenn sich die menschliche Seite in Emotionen zu verfangen droht. Damit meine ich, dass Kristallkinder die Kinder sind, die sehr viel spüren und aufnehmen, sowohl positive als auch negative Facetten der sie umgebenden

Energien. Oftmals tun sie sich schwer damit, sich zu schützen, sie müssen erst lernen, sich abzugrenzen. Sie wirken still, manchmal schwach, in sich gekehrt. Sie sprechen mit ihren Puppen, Teddys, mit unsichtbaren Spielgefährten, mit Steinen, mit Tieren und mit Gegenständen. Ihr seid so weit zu wissen, dass sie in Wahrheit mit diesen Energien kommunizieren können.

Das Schlimmste, was diesen Kindern passieren kann, ist, dass ihre Begabung durch den Unglauben anderer Menschen unterdrückt wird. Sie verlieren dadurch den Glauben an sich selbst und an die Liebe, die in ihnen ist. Sie sind sehr offen und erkennen oft ohne Worte, wenn jemand krank ist oder in schlechter Stimmung. Die Kristallkinder sind die feinsinnig-sensiblen Energien eurer Tage.

Doch nun geht es weiter zu den Indigokindern. Was ist unter Indigokindern zu verstehen? Es sind Kinder der hellsichtigen Art, sie sehen Dinge voraus oder erkennen vergangene Inkarnationen oder Ursachen. Die Energien aller Menschen werden verändert – und viele neue Dimensionen tun sich auf. So wird ein Kristallkind die Energien der Indigos in sich vereinen – und umgekehrt. Die Indigokinder sind leicht mit den Kristallkindern zu verwechseln. Auch sie empfangen die sie umgebenden Energien, doch sie haben gelernt, sich besser dagegen abzugrenzen, es fällt ihnen zumindest leichter. Sie haben etwas größere Probleme, die Liebe in sich zuzulassen, und manchmal können sie mit den sie umgebenden Informationen nicht richtig umgehen, vieles erscheint durcheinander oder es entsteht ein Wirrwarr in ihrem Kopf. Dadurch erscheinen sie oftmals konfus und durcheinander, sie können sich teilweise nicht richtig konzentrieren. Sie müssen lernen, ihre Fähigkeiten besser anzuwenden und einzusetzen, sie müssen lernen, Bilder in ihrem Kopf zu integrieren, um sie einordnen zu können.

Ihr Wesen wirkt oftmals überreizt oder überspannt, sie haben keine Lust, sich von anderen Menschen etwas vorschreiben zu lassen. Sie tun sich manchmal schwer damit, euer Glaubenssystem anzunehmen. Sie wissen genau, was sie wollen, und will man ihnen etwas streitig machen, so kämpfen sie um ihr Recht. Sie sind sehr selbstsicher, und das sind sie wirklich, sie spielen es nicht nur. Sie sind die Kinder, die bei schlechter Behandlung sofort reagieren, was unter anderem auch zu körperlichen Übergriffen führen kann. Sie sind die Überleiter der Energien der sie umgebenden Menschen; sie nehmen diese auf und transformieren sie auf ihre eigene Art und Weise.

Sie werden sich so lange gegen Missbrauch jeglicher Art wehren (körperlich oder seelisch), wie es ihrer Ansicht nach angebracht ist. Sie leben ihr Leben, und wenn ihnen das verwehrt wird, kämpfen sie darum. Verlieren sie diesen Kampf, so werden sie häufig krank.

Es ist schwer, eure Kinder in spezielle Sparten einzuordnen, doch dieses Denken ist das Wesen der Menschen in der Dualität. Dazu möchte ich sagen, dass jedes Kristallkind ein Indigo ist, und jedes Indigokind ist ein Kristallkind. Es gibt auch noch die von euch gewählte Überbezeichnung "Sternenkinder". Sternenkinder werden aufgrund ihrer Inkarnationen auf anderen Planeten so bezeichnet. Ihr Lieben, Sternenkinder sind sehr alte Seelen, und von diesen sind unendlich viele zurzeit inkarniert. Ihr habt das Wissen der Sterne in euch, und ihr könnt es nun hier auf der Erde integrieren. Es ist in eurem Unterbewusstsein, in eurer Energiematrix, und wenn es an der Zeit ist, wird dieses Wissen wieder in euch zum Vorschein kommen. Es war euer Wunsch, der Erde in dieser Zeit zu helfen. Achtet auf eure Träume und Eingebungen, auf die Bücher oder Informationen, die euch zugeführt werden. Achtet auf die Stimme in euch, die euch anleitet, dieses oder jenes zu tun. Achtet auf die Gefühle, die ihr erhaltet, wenn es um die Verwirklichung eurer Ziele geht. Auf die Gefühle, die in euch aufkommen, wenn ihr über scheinbar Vergessenes in euch lest oder etwas darüber hört, auf

Gefühle, die die Namen besonderer Planeten in euch wachrufen. Werdet frei, und hört auf zu kämpfen. Steht zu euch selbst, um das Wissen der Sternenkinder wieder in euch wachzurufen. Nichts und niemand wird sich euch in den Weg stellen, wenn ihr in eurer Stärke seid. Die Indigos werden nicht mehr kämpfen müssen, sobald sie erkannt haben, dass sie durch die Macht ihrer Gedanken ihr Leben bestimmen können. Die Kristallkinder werden erkennen, dass sie keinen Schutz benötigen, dass niemand sie ihrer Kraft berauben kann, sobald sie in ihrer Selbstliebe sind. Sie sind frei, ihr alle seid frei. Frei, um zu handeln und um den Weg weiter zu beschreiten.

Doch es gibt noch eine weitere Art von Kindern, wenn sie sich so bezeichnen lässt. Hierbei geht es um euch selbst, um euer inneres – nichtintegriertes – Kind. Das Kind, das ihr so häufig überseht. Das Kind, das in euch lebt und arbeitet. Das Kind, das euch jeden Tag aufzeigt, was ihm nicht passt. Doch weshalb beachtet ihr es nicht? Weshalb erkennt ihr nicht seinen Zorn, seinen Trotz, seine Angst und seine Bitte um Liebe? Es ist nicht außerhalb von euch, ihr könnt mit ihm sprechen.

Vielleicht seid ihr nun überrascht. Doch das Kind ist ein Anteil von euch und in euch, der euch bisweilen Taten vollführen lässt, die euch sonst gar nicht gleichen und die ihr deshalb zu unterdrücken versucht. Das innere Kind bringt euch dazu, aus Trotz, Ärger oder Angst zu reagieren. Dabei liegt es mir fern, es zu beleidigen. Nein, es ist wundervoll, dass es in euch ist, denn es zeigt euch die Bereiche auf, die in euch der Heilung bedürfen. Erkennt die Notwendigkeit zu sehen, was es wirklich benötigt. Vielleicht will es nicht den ganzen Tag bis tief in die Nacht arbeiten, vielleicht findet es, dass ihr zu viele Pflichten auf euch genommen habt. Vielleicht hat es Angst vor eurem Verstand, der euch zu bestimmten Begebenheiten und Notwendigkeiten drängt. Vielleicht ... vielleicht möchte es einfach nur einmal spielen und Kind sein. So, wie ihr selbst eventuell damals nicht genug Kind sein durftet. Gebt dem Drang nach, tut, worum es euch bittet. Was wolltet ihr immer schon einmal tun? Wollt ihr wie ein Kind schaukeln? Wollt ihr klettern, mit dem Ball spielen, malen oder ein Puzzle zusammensetzen? Tut es einfach, wenn euch danach ist.

Und das Wichtigste dabei ist: Liebt dieses Kind. Erkennt es an und seht seine Ängste, die tief aus dem Inneren kommen. Niemand sonst, niemand außer euch selbst kann das Kind "heilen", sollte es vielleicht weinend darum bitten. Ihr habt die Möglichkeit, euch vorzustellen, wie es ist, es behutsam in den Arm zu nehmen und es lieb zu haben. Gebt ihm die Geborgenheit, die es benötigt. Das Kind existiert wirklich. Es ist der Teil von euch, der Kind geblieben ist, weil er nicht weiterwachsen wollte oder konnte. Und erkennt, dass das innere Kind immer weiterwächst, bis es schließlich von eurem Selbst komplett integriert wird. Ihr müsst das Kind nicht sehen, doch seid gewiss, es ist da und schickt euch immerfort seine Gefühle.

Nehmt es an in Liebe.
Metatron

22. KAPITEL

DIE MANIFESTATION EINES WUNSCHES

Ihr lieben Wesenheiten, so manches Mal ist es leider so – wir beobachten es häufig –, dass ihr nicht wisst, wo euer Weg euch hinführen soll. Das Ganze verunsichert euch dermaßen, dass ihr euch am liebsten hinsetzen würdet und gar nicht mehr vorwärtsgehen wollt – aus Angst, etwas falsch zu machen. Doch habt ihr euch einmal überlegt, was ihr überhaupt falsch machen könnt? Ist es überhaupt möglich, etwas nicht richtig zu machen? Bei allem sammelt ihr Erfahrungen, jede Entscheidung zeigt euch einen Weg auf. Ihr könnt nur eines tun, was wir nun nicht als falsch, aber als das Nichtannehmen von Lektionen bezeichnen: Ihr könnt tatenlos zusehen und euch verkriechen, euch nicht trauen vorwärtszugehen. Doch damit verschließt ihr euch nur vor dem Leben. Freut euch des Lebens und auch über die Angebote, die es für euch bereithält. Ergreift diese, geht vielleicht auch einmal ein Wagnis ein. Was kann geschehen? Auch in einer angeblich schlechten Erfahrung steckt doch die gute Lehre.

Die Welt ist nicht das, was sie zu sein scheint. Die Welt ist nicht das Leben, das ihr tagein, tagaus führt. Sie ist in euch selbst, und sie ist immer nur so groß, wie ihr es zulasst. Ich gebe euch ein Beispiel. Der Mops Berti sitzt auf dem Boden und überlegt, ob er zuerst den Knochen oder das saftige Fleischstück verspeisen soll. Er hat Hunger, doch beides ist zu viel für ihn. Er überlegt und überlegt und weiß nicht, was ihm besser bekommen würde.

Liebe Wesenheiten, was, wenn er zu lange überlegt? Das Fleisch könnte schlecht werden, der Knochen alt, dann würde er nicht mehr so gut schmecken. Oder ein anderer Hund könnte vorbeikommen und ihm die besten Stücke stehlen. Damit meine ich nicht, dass ihr, ohne zu überlegen, die nächstbeste Gelegenheit zur Veränderung ergreifen sollt. Nein, damit meine ich, dass es manchmal auch sein kann, dass man zu lange wartet. Denn dann vergeht der Hunger, der Magen knurrt irgendwann nicht mehr, nur noch ein flaues Gefühl ist vorhanden. Das Gefühl entgangener Nahrung, die dem Mops gutgetan hätte.

Doch etwas ist für dieses Weitergehen von absoluter Wichtigkeit: nicht mehr richten und gerichtet werden. Ich bitte euch, völlig unvoreingenommen an diese Thematik heranzugehen. Es geht um das Bewerten von Menschen, Gegenständen, Gegebenheiten. Bitte seht euch euer Verhalten an, und versucht freimütig zu erkennen, wie oft am Tag ihr Bewertungen aussprecht. Gar nicht? Einmal? Zehnmal oder öfter? Oder fällt es euch schwer, die Situationen zu erkennen, und ihr könnt gar keine Zahl nennen?

Dann versuchen wir es andersherum. Wie oft ärgert ihr euch über das, was manche Menschen zu euch sagen? Wie häufig werdet ihr verletzt – beziehungsweise wie oft meint ihr, verletzt worden zu sein? Und wie häufig habt ihr verletzt? Schlecht über jemanden gedacht, eine Situation durch Bewertungen verschärft?

Ihr Lieben, das ist das Gesetz der Anziehung. Ihr zieht mit euren Gedanken eben das in euer Leben, was ihr liebt – und ebenso auch das, was ihr fürchtet. Wobei Letzteres länger dauert, bis es in die Materie kommt, denn die Liebe und die positiven Gefühle sind stärker. Wichtig ist es, negative Situationen bewertungsfrei anzusehen, das kann man lernen. Es ist manchmal nicht einfach, aber auch nicht unmöglich. Alles, was ihr anderen Gutes tut, kommt zu euch zurück, doch leider ist es ebenso, wenn man anderen Negatives antut – und damit sind auch Gedanken gemeint. Ihr seid miteinander verbunden, und wer richtet, richtet immer auch sich selbst – wie in dem Sprichwort "Wer anderen eine Grube gräbt, fällt selbst hinein."

Weshalb nutzen manche Menschen eure Ängste aus und versuchen, Dominanz auszuüben? Liebe Menschenkinder, hinter jeder Aggression, hinter jeder Angst, hinter jeder Bewertung steht immer die Abwesenheit von Liebe. Nichts ist stärker als sie. Wer in der Liebe lebt, ist stärker als jegliche Art von Gewalt.

Indem ihr Angst unbewusst als euren Helfer anerkennt, wird sie euch immer wieder begegnen. Doch Angst wird euch nur helfen, wenn sie angebracht ist. Meistens jedoch lebt die Angst in euch und bricht immer wieder in vollkommen harmlosen Situationen hervor. Angst ist dazu da, euer Überleben zu sichern. Doch bedroht es euer Überleben, wenn ihr beispielsweise mit anderen Menschen über eure Emotionen sprecht? Ich würde sagen, in den meisten Fällen wohl nicht – Engelgrins. Nein, ihr dürft die Angst leben. Wenn ihr das tun wollt – niemand hindert euch daran. Einfacher wäre es jedoch, sie als das zu erkennen, was sie ist: eine Illusion. Eine Illusion, die ihr euch selbst auferlegt habt und die euch daran hindert weiterzukommen. Es ist also völlig unnötig, diese Gefühle in euch immer noch zu vergrößern ... Doch genau das geschieht, wenn die Angst Energie und Aufmerksamkeit bekommt. Habt ihr Angst davor, weiterzugehen, ein altes Thema zu beenden, ein neues zu beginnen? Angst vor einem Schritt, der euer Leben verändern könnte? Angst vor der geringsten Veränderung in und um euch? Dann bitte ich euch, mit mir zusammen in die folgende Meditation zu gehen.

Seht vor euch ein Schiff, an einem Hafen vor Anker liegend. Seht dieses Schiff an – es trägt in schwarzen Buchstaben den

Namen eurer Wünsche, die in euch liegen. Ihr dürft dieses Schiff trotz euer Angst betreten, wenn ihr wollt, denn es ist eigens für euch heute in den Hafen eingelaufen. Steigt auf das Treppchen, das euch in das weiße Schiff geleitet. Sobald ihr die Planken betreten habt, wird es hinter euch eingeklappt, und das Schiff kann auslaufen.

Ihr fahrt, immer weiter ... Dabei seht ihr den herrlich blauen Himmel, Möwen fliegen umher. Ihr befindet euch auf dem Meer eurer Gefühle. Sobald ihr dem Schiff die Erlaubnis gebt anzulegen, werdet ihr ganz plötzlich an einem Sandstrand ankommen.

Steigt aus und seht, was euch erwartet. Ihr seid im Land eurer Träume angekommen, zusammen mit euren Ängsten. Ein wunderschöner Strand umgibt euch, liebevolle, feiernde Menschen erwarten euch am Strand. Eine Frau kommt auf euch zu – sie übergibt euch eine Kette, an der eine einzelne große Perle hängt. In dieser Perle ist euer wahrer Wunsch enthalten – wenn ihr euch die Kette von ihr anlegen lasst, so wird euer Wunsch in Erfüllung gehen. Erwartet den Tag und seid nicht überrascht, wenn er vor euch steht. Gedenkt der Perle, die nun feinstofflich um euren Hals hängt, denn sie bleibt so lange bei euch, bis sich euer Wunsch erfüllt hat. Nun wird die wunderschöne Frau euch fragen, ob ihr ihr eure Ängste übergeben wollt, und sie hält eine offene Schatulle in den Händen. Wenn ihr zustimmt, dann lasst eure Ängste komplett aus dem Solarplexus in die Hände strömen und von dort aus in die Kiste. Sie wird sie verschließen und in ein Lagerfeuer legen, in dem sie die Schatulle mit all euren Ängsten komplett verbrennt.

Bedankt euch bei ihr, denn sie hat Großes geleistet.

Nun ist es an der Zeit, wieder in das Schiff zu steigen. Der Name des Schiffes ist plötzlich mit goldenen Buchstaben geschrieben – es ist klar, was das zu bedeuten hat. Der oder die

Wünsche werden in Erfüllung gehen, und sie sind in leuchtende Buchstaben gefasst, um ihre Wirkung zu demonstrieren. Nach der Rückkehr legt das Schiff wieder im Hafen an, und ihr kommt zurück in eure Gegenwart.

In Licht und Liebe,
Metatron

23. KAPITEL

IN LIEBE UND GLÜCK LEBEN

Liebe Engel – ja, das seid ihr –, das heutige Kapitel wird das letzte dieser Art an euch sein, das letzte Kapitel dieses Buches – und meiner Ansicht nach das wichtigste von allen. Es geht darum zu erkennen, dass die Liebe und das Glück in euch wohnen. Ihr dürft sie leben – Liebe und Glückseligkeit immer und überall. Bitte denkt daran, sobald ihr die Liebe nicht mehr spürt, nachzusehen, weshalb ihr die Tür verschlossen habt. Sollte es euch gedanklich nicht möglich sein, die Energie, die euch festgehalten hat, zu erlösen, so tut es energetisch. Ich habe euch die Vorgehensweisen dazu in diesem Buch erklärt.

Ihr könnt auch andere oder eigene Wege dazu finden, es geht nicht um das Wie, es geht um das Lösen blockierender Energien im Allgemeinen. Doch eine Loslösung alter Energien meint nicht, dass ihr immer und überall damit beschäftigt sein müsst! Das erklärte ich Maisha soeben, die verwirrt war und versuchte, durch ständige Blockadenlösung weiterzukommen. Wenn ihr im Licht leben könnt, so verbleibt dort. Versucht nicht, nach unerlösten Themen zu suchen, sondern findet den Frieden in euch. Und er ist in euch, seid euch dessen gewiss. Die Liebe des Universums, die Liebe der Engel, die Liebe der Menschen um euch herum ist dort ebenfalls enthalten. Sucht nicht nach Hilfe im anderen, sucht sie immer in euch selbst. Es ist richtig, eventuelle Blockaden aufzulösen, das habt ihr in diesem Buch gelesen und das werde ich sicherlich nicht bestreiten. Doch wenn ihr im Licht seid – und das seid ihr, sobald ihr es zulassen könnt – dann lasst das Karma ziehen. Ihr seid nicht auf diese Erde gekommen, um nur im Leid zu leben und nur Karma aufzulösen.

Doch wenn es Hindernisse auf dem Lebensweg gibt, wenn andere Menschen euch etwas aufzeigen, wenn eure Kinder euch etwas aufzeigen, so erkennt und lebt fortan in Liebe und Freude mit ihnen. Denn dazu seid ihr aufgerufen.

Gebt euer Wissen weiter, das ist das Wichtigste überhaupt, gebt es an diejenigen weiter, die euch verstehen können, an diejenigen, die beginnen, sich zu öffnen. Gebt es an Freunde, Verwandte, Kinder, Partner, Kollegen, Kunden – an all diejenigen weiter, die auf dieses Wissen gewartet haben. Löst eure Hemmungen, und sobald ihr den Grund dafür erkannt habt, geht ihr weiter. Bestellt euch die Liebe durch die Matrix, und wendet die universellen Gesetze an, denn dafür sind sie da.

Und sollte eine Bestellung nicht oder in genau entgegengesetzter Weise (beispielsweise Mangel anstatt Fülle) bei euch ankommen, dann ist es an der Zeit nachzuforschen, weshalb sie fernbleibt oder verfälscht bei euch ankommt. Alles ist richtig und gut für euch, und die Schwingung der ganzen Erde wird angehoben, sobald ihr aus dem kollektiven Feld der negativen, angstbesetzten Gefühle herausgeht. Lasst euch nicht daran hindern, die Freude zu leben, macht euch aber auch nicht dafür verantwortlich, wenn es einmal nicht geht. Seht genau hin, bittet uns um Hilfe, denn nur deshalb sind wir um euch. Vertraut und lasst nicht nach in dem Bestreben, aus dieser Welt eine lichtvolle, freudige Welt zu machen. Der Sinn der Inkarnation ist es, das Leid hinter euch zu lassen – und nicht, es weiterzuleben. Es geht um die Liebe, um nichts anderes. Die Liebe zu euch selbst hat immer Vorrang, und sie hat auch die Liebe zu allen anderen zur Folge. Die Selbstliebe ist der Vorreiter der Gemeinschaft, denn ohne Selbstliebe könnt ihr niemand anderen bedingungslos lieben. Die Betonung liegt hierbei auf dem Wort "bedingungslos", denn wie wir alle wissen, ist Liebe nicht gleich Liebe. Liebe kann niemals aus einem Mangelempfinden bestehen. Liebe ist erfüllend, und sie ist weise. Sie ist jedoch niemals suchend.

Lebt die Liebe in eurer Partnerschaft, und lebt sie vor allem in euch. Vergesst euch niemals, vergesst nicht eure Talente und Fähigkeiten, deretwegen ihr hier seid. Ihr könnt nur eine gute Beziehung führen, wenn ihr euch nicht selbst dafür aufgebt und wenn ihr euch für einen anderen Menschen nicht aufopfert. Jeder ist für sein eigenes Glück verantwortlich – erkennt dies, und löst eure Erwartungen an den Partner oder an Freunde, Bekannte, Kollegen komplett. Löst euch vor allem von den Erwartungen an eure Kinder – sobald ihr nichts mehr von anderen erwartet, wird euch auch niemand mehr bedrängen. Lernt, dieses Wissen zu leben, und macht euch bewusst, dass ihr Zeit habt, es zu integrieren.

Lest dieses Buch immer dann, wenn in euch Stagnation herrscht. Schlagt eine beliebige Seite auf, und selbst wenn ihr es bereits gelesen habt, wird es euch in belastenden Situationen genau die für diesen Moment richtige Information zeigen und euch zu Frieden verhelfen.

Ich bedanke mich für eure Aufmerksamkeit. Ich bin immer um euch, sobald ihr mich darum bittet oder an mich denkt.

In Licht und hingebungsvoller, bedingungsloser Liebe, Metatron

NACHWORT

Und nun bin also ich dran, Metatron nennt mich Maisha. Doch der Name ist nur Energie, Schwingung, und Maisha war die Schwingung, die dieses Buch geschrieben hat. Ja, irgendwie bin ich traurig, dass das Buch beendet ist, gleichzeitig bin ich Metatron aber auch sehr dankbar, dass er es mit mir geschrieben hat. Manchmal musste ich mich richtiggehend dazu aufraffen weiterzuschreiben, immer wieder kam mir etwas dazwischen oder meine Stimmung war so abgesunken, dass ich keine Energie dafür hatte. Und warum? Weil ich genau das nicht gemacht hatte, wozu er immer rät: Ich hatte mich nicht gedanklich hochgezogen, war nicht dankbar, erkannte nicht das Glück, das ich habe, immer mit ihm sprechen zu können. Viele Male hatte ich mich vor ihm verschlossen, nur um dann immer mehr zu erkennen, dass er der Einzige war, der mir schonungslos und offen, aber auf eine liebevolle Art und Weise erklärte, dass es nun langsam einmal an der Zeit sei, aus dem Sumpf herauszukommen. Eine unglückliche Liebe hatte mich immer wieder dort landen lassen, und es dauerte lange, bis ich erkannte, wovon er sprach: dass meine Liebe nicht bedingungslos war, sondern ein Mangelempfinden. Wie vielen von uns geht es wohl so? Wir suchen, ohne zu wissen, wonach. Ohne zu wissen, dass wir gar nicht mehr suchen müssen, gar nicht erst finden müssen, was in uns drin ist.

Ja, vieles tut weh, vielleicht ist jemand von uns gegangen, was meiner Ansicht nach das Schrecklichste ist, was geschehen kann. Doch Metatron war es, der für mich da war – und auch die Seele der geliebten Verstorbenen, die meiner Großmutter, die mit mir in Liebe sprach und mir klarmachte, dass es egoistisch ist anzunehmen, dass jemand, der alt oder krank ist, ewig leben kann. Es ist der Weg der Seele zu gehen, wenn sie gehen möchte. Jedes Haltenwollen ist ein Mangelempfinden, das habe ich dabei gelernt. Manchmal ist es allerdings sehr schwer, sich das immer wieder klarzumachen und gleichzeitig Selbstliebe dabei zu empfinden.

Als ich das Buch geschrieben habe, bin ich seelisch, manchmal auch körperlich, durch jedes einzelne Kapitel gegangen. Es war die Matrix, die es mich hat erleben lassen. Metatron sagte dazu: "Wenn wir die Liebe in uns haben, können wir uns der dunklen Seiten der Matrix entziehen, wir können uns sogar jeden beliebigen Film ansehen (Krimi, Horror und so weiter), ohne davon berührt zu werden." Aber ich weiß, dass wir irgendwann, vielleicht sogar jetzt, in der Lage sein werden, dieses Wissen immer in uns zu haben. Zu wissen, wann es an der Zeit ist, Altes oder Wiederaufgerolltes ziehen zu lassen – ohne Angst davor, das Glück zu leben. Manches Mal sonnen wir uns im Kummer, ohne es zu müssen. Doch wir dürfen das Glück leben, auch wenn wir nicht das erhalten haben, was wir uns einst so sehr wünschten. Wir dürfen traurig sein, aber wir dürfen dann auch wieder froh sein.

Ja, ich danke Metatron dafür, dass er immer für mich da ist, wenn ich ihn brauche, dass er für uns alle da ist – ebenso wie die anderen Engel, Wesen oder wie immer wir sie nennen wollen. Und ich weiß, dass ich nicht die Einzige bin, die ihn hören kann, sondern ihr alle könnt es. Ihr könnt ihn fühlen und hören, mit ihm sprechen, sobald euch klar ist, dass das unser Erbe ist – und seit allen Zeiten in uns angelegt. Es ist ein völlig normales Verhalten, das niemals bestraft werden muss, sondern in Freude gelebt werden darf.

Ich danke meiner Familie, meinen Freunden, meinen Arbeitskollegen und Bekannten für all das, was sie mir aufgezeigt haben, für alle wunderschönen Momente der Liebe und auch für die Momente, die ich vielleicht als nicht so schön empfand. Auch sie gehören zum Leben, zur Entwicklung dazu.

Und ich danke ganz besonders dem Mann, der meine Entwicklung so rasant vorangetrieben hat. Sollte er dieses Buch jemals in Händen halten, wird er wissen, dass er gemeint ist. Ich liebe dich – bedingungslos.

152 Seiten, Illustrationen,
durchg. farbig, Flexocover
ISBN 978-3-89845-474-2
€ [D] 14.95

Bernadette Saphira Huber

So fühlen sich Engel an

Deine Verbindung zur Engelwelt

Bernadette Saphira Huber baut mit diesem Buch eine breite Brücke, über die du gehen kannst, um die Gegenwart der himmlischen Helfer zu erfahren. Sie eröffnet den Zugang zu genau den Engelkräften, die gerade wichtig und richtig sind – ob zur Heilung, als Hilfe in aufwühlenden Lebensphasen oder für persönlichen Schutz.

Ihre einfühlsame und klare Anleitung erlaubt dir, die Welt der Engel zu erleben und eine Verbindung zu ihnen aufzubauen. Sie hilft dir, dich dem Engel zu nähern, den du gerade brauchst, um die unterstützende Kraft des Engels, seiner Liebe und seiner heilenden Präsenz intensiv zu erfahren.

256 Seiten, broschiert
ISBN 978-3-89845-325-7
€ [D] 14.90

Gabriele Weck

Entdecke den Engel in dir

Dieses außergewöhnliche und spannende Engelbuch zeigt, wie einfach es sein kann, die Leichtigkeit in sich selbst wiederzufinden. Eigentlich existieren viele Probleme nur, weil man sich nicht vorstellen kann, dass es eine simple Lösung gibt.

Mit vielen Praxisbeispielen, Erfahrungsberichten und Übungen führt dieses Buch dich dahin, Leichtigkeit und Schwung zu tanken und darüber zu staunen, wie einfach und schön das Leben sein kann, wenn man wieder an sich selbst und an seine Impulse glaubt.

Der Engel in dir führt dich sicher wie ein Navigationssystem, so dass du deinen eigenen Weg zur Verwirklichung deiner Wünsche findest.

216 Seiten, broschiert
ISBN 978-3-89845-121-5
€ [D] 12.90

Marie-Pascale Rémy

Erfahrungen mit Engeln

Was ist ein Engel? Er ist eine Manifestation Gottes. Er ist aber auch ein Teil von uns selbst – in einer anderen Form. Über Engel zu sprechen, das ist gleichbedeutend damit, über Gott zu sprechen sowie eine meist vernachlässigte und versteckte Zone von sich selbst zu erfahren. Der Engel ist derjenige, der die Begabungen und verborgenen Talente in jedem von uns wecken kann – immer das Beste erwartend.

Wie kann man nun Erfahrungen mit Engeln machen? Dieser praktische Ratgeber bietet zahlreiche Übungen, die eine einfühlsame Annäherung an die tägliche Präsenz des Engels in unserem Leben möglich machen.

152 Seiten, gebunden
ISBN 978-3-89845-226-7
€ [D] 14,90

Kazuo Murakami

Der göttliche Code des Lebens
Ein neues Verständnis der Genetik

Dieses in viele Sprachen übersetzte Buch ist einer der besten Beiträge zur Frage der Interaktion zwischen Genen, Umwelt und Bewusstsein.
Glück, Freude, Inspiration oder Dankbarkeit können nützliche Gene aktivieren – das ist das Ergebnis der Forschungen des japanischen Biowissenschaftlers Murakami, der so der weit verbreiteten These, das Schicksal sei bereits im Genom festgelegt, eine deutliche Absage erteilt.

368 Seiten, Klappenbros.
ISBN 978-3-89845-374-5
€ [D] 18,95

Elizabeth Clare Prophet

Gefallene Engel unter uns
Der Kampf um den spirituellen Aufstieg

Elizabeth Clare Prophet zeigt auf, dass die gefallenen Engel unter uns sind. Sie haben der Menschheit Krieg, religiös motivierten Hass, Terrorismus, Epidemien, Wirtschaftskrisen und Klimaextreme gebracht und versuchen, nach der bereits gewonnenen Macht über das Finanzsystem nun auch die Kontrolle über den Planeten zu gewinnen. Prophet zeigt, wie wir dies umkehren und positive Veränderungen herbeiführen können. Sie führt uns zu einer schockierenden, doch zugleich hoffnungsvollen Aussicht auf die Zukunft. Ein spannendes Buch von seltener Dichte und Aussagekraft, das ein klares Licht auf das Mächtespiel der modernen Zeit wirft.

256 Seiten, Klappenbr.
ISBN 978-3-89845-373-8
€ [D] 16,95

Claire Avalon

Sanat Kumara und die Weiße Bruderschaft
Die Heimkehr der neuen Erde

Sanat Kumara, die Aufgestiegenen Meister und die atlantischen Priester sind in diesem Buch vereint, um uns zu erklären, dass die Zeit der Wandlung gekommen ist und um uns zu zeigen, wie wir neue Wege finden, die uns auf eine höhere Stufe führen.
Dank dieses Buches erkennen wir Entwicklungschancen, von denen wir bisher nichts ahnten. Es öffnet den Zugang zum höheren Bewusstsein und zeigt so unser wahres Potenzial auf.
Mit eindrucksvoller Übung zur Einstimmung der Chakren auf die Venusenergie.

168 Seiten, Klappenbr.
ISBN 978-3-89845-152-9
€ [D] 10,90

Franziska Krattinger

Ein Wort genügt!

... sich einfach umprogrammieren

Schalten Sie einfach um! – Manchmal genügt ein einziges Wort, um verborgene Haltungen ans Licht zu bringen oder Einstellungen zu ändern. Dabei gibt es spezielle Worte, die gleichsam eine magische Wirkung haben, da sie die Schlüssel zu unserem Unterbewusstsein sind: Schaltworte.

Schalten Sie einfach um – und beobachten Sie die Veränderungen in Ihrem täglichen Leben, ohne dass Sie bewusst daran denken oder eine Vorstellung der Lösung haben müssen. Nutzen Sie die Kraft, eine Situation augenblicklich im besten und idealen Sinn zu verändern.

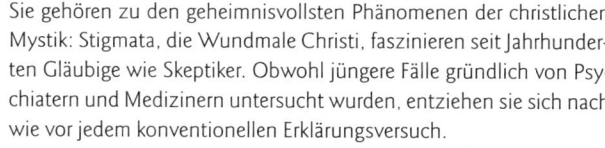

464 Seiten,
mit 32 Farbseiten,
broschiert
ISBN 978-3-89845-125-3
€ [D] 19,90

Michael Hesemann

Stigmata – Sie tragen die Wundmale Christi

Sie gehören zu den geheimnisvollsten Phänomenen der christlichen Mystik: Stigmata, die Wundmale Christi, faszinieren seit Jahrhunderten Gläubige wie Skeptiker. Obwohl jüngere Fälle gründlich von Psychiatern und Medizinern untersucht wurden, entziehen sie sich nach wie vor jedem konventionellen Erklärungsversuch.

Sind sie himmlische Wunder, Manifestationen des Übernatürlichen, das Ergebnis einer Autosuggestion – oder gar Schwindel? In einem spannenden wie faszinierenden Sachbuch erzählt Bestsellerautor Michael Hesemann auf erfrischend moderne Weise die Geschichte der bekanntesten Stigmatisierten: des hl. Franz von Assisi, der hl. Katharina von Siena, des italienischen Nationalheiligen Pater Pio ...

224 Seiten, Klappenbr.
ISBN 978-3-89845-372-1
€ [D] 16,95

Myra

Kundalini, Die Lebenskraft des göttlichen Feuers

In der Begegnung mit der Lehre von Kundalini, Tantra und Yoga erfahren wir einen wunderbaren Weg zu Gott. Dieser Weg bedient sich des Atems, der den physischen mit dem geistigen und spirituellen Menschen verbindet. Die jahrtausendealte Kundalini-Lehre bietet ein vielschichtiges und durchdachtes System der Persönlichkeitsentfaltung. Ihr Ziel ist der harmonisierte, gelassene, angstfreie und weise Mensch. Saint Germain beschreibt verschiedene Wege und Übungen, um sich der alten Lehre der Kundalini-Energie zu nähern. Ist sie wieder in das Leben integriert, wird die Gesamtpersönlichkeit des Menschen geweckt, dank derer er in der Lage ist, die höheren Seinszustände zu erreichen. Mit praktischen Übungen für den Alltag.

160 Seiten, gebunden
ISBN 978-3-89845-378-3
€ [D] 14,95

Elisabeth Kübler-Ross

Lebe jetzt und über den Tod hinaus

Dr. Elisabeth Kübler-Ross ist eine der bekanntesten Ärztinnen unserer Zeit und die Begründerin der modernen Sterbeforschung. Ihre Definition der heute wissenschaftlich anerkannten fünf Phasen des Sterbens revolutionierte die Forschung. Für ihre weltweit geschätzte Arbeit erhielt sie 20 Ehrendoktortitel an verschiedenen Universitäten und wurde vom TIME Magazine zu den »100 größten Wissenschaftlern und Denkern des 20. Jahrhunderts« gewählt.

In diesem wegweisenden Buch offenbart uns Elisabeth Kübler-Ross die Antwort auf die wohl wichtigste Frage über das Leben und den Tod: Wie können wir unser jetziges Leben gestalten, um es mit dem Sterben zu versöhnen?

64 Seiten, gebunden,
mit Illustrationen
ISBN 978-3-89845-013-3
€ [D] 9,90

Isabella Monti

Ein himmlischer Dialog

Eine neugierige Seele spricht mit Gott über unsere Welt

Eine kleine Seele trifft Gott bei einem Spaziergang im Himmel. Zwischen den beiden beginnt ein »himmlischer« Dialog – über Liebe und Angst, Schuld und Unschuld, über Freude und Leid, Krankheit und Tod, über Erziehung und Beziehungen, Sucht und Eifersucht, über Religion und den Sinn unseres Erdendaseins. Und Gott antwortet geduldig auf alle Fragen, einfach und klar.

»Ein himmlischer Dialog« ist für Jung und Alt, für Männer und Frauen – und ganz besonders für Sie bestimmt. Die Geschichte der kleinen Seele ist ein wertvoller Wegweiser, der Mut machen und neue Perspektiven eröffnen kann.

288 Seiten, mit 16 Seiten
Farbteil, broschiert
ISBN 978-3-89845-174-1
€ [D] 17,90

Lars A. Fischinger

Das Wunder von Guadalupe

Nicht von Menschenhand

Wunder gibt es immer wieder ... Und bei der »göttlichen Fotografie« der Mutter Gottes auf der Tilma von Guadalupe scheint es sich tatsächlich um ein wahrhaft übersinnliches Bildnis zu handeln und nachweislich nicht um ein bloßes Gemälde ...

Der bekannte Sachbuchautor Lars A. Fischinger hat sich auf die Spuren der »Patronin von Mexiko« gemacht und in diesem spannenden sowie informativen Buch alle Fakten zusammengetragen, die es Ihnen erlauben, sich selbst ein Bild zu machen von diesem Bildnis der Maria von Guadalupe ...

Weiterführende Informationen zu
Büchern, Autoren und den Aktivitäten
des Silberschnur Verlages erhalten Sie unter:
www.silberschnur.de

Natürlich können Sie uns auch gerne den
Antwort-Coupon aus dem beiliegenden
Lesezeichenflyer zusenden.

Ihr Interesse wird belohnt!